JN107562

人材を活かす

賃金制度の基本書

三菱UFJリサーチ&コンサルティング株式会社

澤村啓介【著】

労務行政

賃金制度の解説にあたって

1. はじめに

　数ある人事関連書籍の中で本書『賃金制度の基本書』を手に取っていただき、誠にありがとうございます。本書は、賃金制度の見直しを検討されている人事企画の方向けの本です。

　企業の人事部門が取り扱う業務には、組織設計、採用、人材育成、人事制度の設計・運用、労務管理、福利厚生などさまざまあります。人事制度とは、一般に等級制度、賃金制度、評価制度の三つの制度を示します。その中で、本書で取り扱うテーマは、賃金制度のみですので、企業の人事部門が取り扱う業務のうちのごく一部といえます。

　しかし、この賃金制度を見直すということは、賃金の決定に関わり、従業員の生活にも影響するため、従業員からの注目度も非常に高いものとなります。そのため、賃金制度の設計や手順を間違えば、従業員からの納得が得られず、労使関係が悪化する可能性をはらんでいます。

　また、賃金は、既存の従業員だけでなく、これから入社してくる従業員、つまり採用にも大きく影響します。企業が事業活動を進めるには、とにもかくにも従業員がいなくては成り立ちませんので、それだけ賃金制度の設計は、企業にとって重要なテーマの一つといえるでしょう。

　それ故、賃金制度の見直しに当たっては、経営層も含めて慎重に議論を重ねながら意思決定をする必要があります。その意思決定の中には、従業員にとってポジティブに受け止められるようなケースもあれば、場合によっては、改定時にはネガティブに受け止められてしまうケースもあります。しかし、たとえ難しい話し合いになったとしても、今後よりよい企業にしていくためには、必要な苦渋の決断もあるでしょう。

　本書では、想定読者である人事担当者を支援するために、「設計案の策定に際し、よりよい賃金制度の選択や設計ができるように」という想いで執筆しています。読者の皆さんが人事制度や賃金制度の見直しに当

たり、ヒントとなるものになれば幸いです。

2. 本書の構成

　本書は、賃金制度についての解説書ですが、賃金制度の概念的な解説にとどまらず「賃金制度を見直す」ことを前提に、制度の設計方法やその後の運用にまで踏み込んで解説している点が特徴です。この特徴を前提として、本書は賃金制度の見直しプロセス別に章立てを構成し、全7章構成となっています。

　第1章、第2章は、いわば賃金制度の基礎知識に当たります。

　具体的には、第1章「賃金制度とは」では、賃金の役割、制度の変遷等を確認しながら、賃金制度の概観をつかんでいただくことを目的としています。

　また、第2章「賃金制度にはどのような種類があるか」では、人事制度の根幹である等級制度に触れながら、基本給、諸手当、賞与といった主要な賃金項目別に、賃金制度設計の種類について確認します。それぞれの賃金項目にどのような設計の型があるのかについて、つかんでいただくことを目的としています。

　第3章、第4章、第5章は、賃金制度について、現状分析、見直し方針の策定、詳細設計、その後新制度に移行するという流れに沿って、解説をしていきます。

　第3章「自社にはどのような賃金制度が適しているか」では、自社における賃金制度にはどのような課題があり、どういった方針で見直しをしていくべきかを検討するための手順を解説しています。

　第4章「どのように賃金制度の設計を進めるか」では、方針が決まった後、具体的にどのように制度設計を進めていくかだけでなく、賃金制度の移行に当たっての注意点を解説しています。Q＆Aを設け、基本的な賃金制度だけでなく、自社課題に応じたさまざまな賃金制度の設計ができるようポイントを解説しています。

第5章「どのように賃金制度を運用するか」では、改定した賃金制度を"絵に描いた餅"とはせず、実用性の高いものとするために、異動時の賃金の取り扱いなど運用時に問題となりやすい点を中心に、ポイントを解説しています。

　最後に第6章、第7章では、読者の皆さんがさまざまな観点で賃金制度の見直しを検討できるよう、いくつかの賃金制度のケースについて見直しの背景とともに解説の上、中長期的な視座で見たときの賃金制度の在り方について触れています。

　具体的には第6章「賃金制度改定にはどのようなケースがあるか」では、複線型や職務等級型の人事制度といった昨今よく検討に挙がるテーマを題材にモデルケースを紹介します。

　また、第7章「これからの賃金制度に求められる観点とは」では、いくつかの視点で雇用環境を考察し、本書の主張を総括します。

3. 本書内で活用する人事用語

　人事に関する用語は、同じ概念を、企業によってさまざまな言葉で表現しています。そこで本書で活用する主要な用語、人事制度の構造図について［図表1～2］のとおり整理しています。理解の一助として参照ください。

　なお、本書では賃金設計の考え方や方法を類型化して解説するため、「方法」「方式」「型」などと名称づけています。解説のために、特徴を踏まえて筆者が名称づけたものもありますので、必ずしも一般的に通用する名称ではない点に留意してください。

［図表1］本書内で活用する人事用語

	本書内での用語	同義表現 または類義語	用法の補足
1	従業員	労働者、社員	法律用語や自社以外の働き手の場合は、「労働者」として用いている場合あり
2	人材マネジメント	人事管理、人事労務管理、人事マネジメント	人事制度以外の採用・育成・配置等の施策を含む概念
3	人事制度	基幹人事制度	等級制度・賃金制度・評価制度の総称
4	賃金制度	報酬制度、給与制度	基本給、諸手当、賞与を決定する仕組みの総称。特に断りがない場合は、本書では退職金制度は含まない
5	等級制度	資格制度、グレード制度、職掌制度	
6	職能資格制度	職能制度、職能等級制度	
7	役割等級制度	役割型人事制度、役割等級人事制度	
8	職務等級制度	「ジョブ型」人事制度、職務等級人事制度	
9	役職	職位、ポスト、ポジション	第4章の職務等級制度の解説では「ポジション」と表現している
10	賃金	給与、報酬	基本給、諸手当、賞与の総称。 給与計算、給与システム等一般的に賃金と用いない用語は「給与」を用いている。 また、きまって支給する現金給与額など、厚生労働省の「賃金構造基本統計調査」で用いている用語に関してはそのまま給与を用いている。 なお、特に断りがない場合は、賃金とは本書では退職金は含まない
11	月例給	月給	月々支給する賃金のこと。基本給のほか、諸手当、超過勤務手当を含む

	本書内での用語	同義表現 または類義語	用法の補足
12	役職手当	役付手当、職位手当　など	
13	超過勤務手当	残業手当、所定外勤務手当、時間外労働手当、時間外勤務手当、割増賃金、休日勤務手当、深夜勤務手当　など	所定外労働時間に対して支給する手当の総称とする法律用語の場合は、「割増賃金」として用いている場合あり
14	家族手当	扶養手当、子ども手当、配偶者手当	扶養家族に対して支給する手当の総称

［注］三城圭太『人材を活かす 等級制度の基本書』（労務行政）より一部追記

［図表2］人事制度の構造

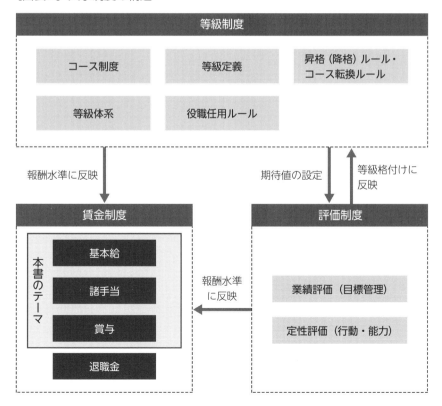

目 次

第3章 自社にはどのような賃金制度が適しているか　63

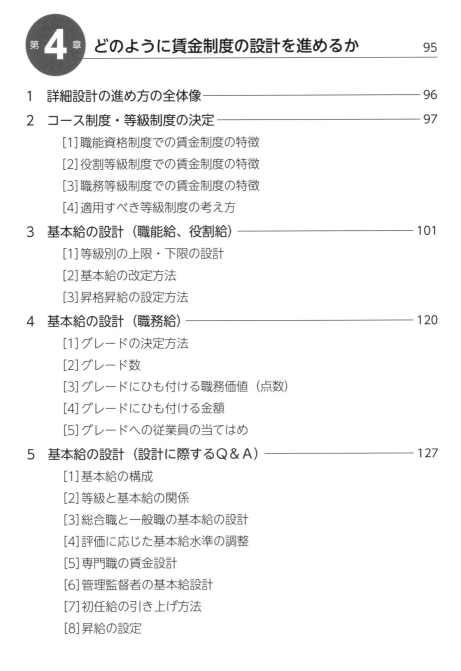

第 **1** 章

賃金制度とは

1 賃金とは

そもそも「賃金」とは、何を意味するのでしょうか。よく「基本給」「俸給」「給料」「手当」「賞与」等と、企業が従業員に支払う金銭のことをさまざまな用語で表現します。

結論としては上記に列挙したものはすべて賃金となりますが、ここでは関係する法律なども参考とし、「何が賃金」で「その賃金はどのように決まるのか？」といった視点から、「賃金」の理解を深めていきます。

[1]賃金の定義

例えば、労働基準法11条では、「この法律で賃金とは、賃金、給料、手当、賞与その他名称の如何を問わず、労働の対償として使用者が労働者に支払うすべてのものをいう」と定められています。

また、雇用保険法4条4項では、「この法律において『賃金』とは、賃金、給料、手当、賞与その他名称のいかんを問わず、労働の対償として事業主が労働者に支払うもの（通貨以外のもので支払われるものであつて、厚生労働省令で定める範囲外のものを除く。）をいう」と定められています。

この二つの条文を総合すると、賃金とは「労働の対償として事業主（あるいは使用者）が労働者に支払うものすべて」と捉えておくとよいでしょう。

ここでのポイントは「労働の対償」「事業主（あるいは使用者）が労働者に支払うものすべて」です。この二つがそろって賃金となります。つまり、「事業主（あるいは使用者）が労働者に支払ったが、労働の対償ではないもの」や「労働の対償ではあるが、事業主（あるいは使用者）が労働者に支払っていないもの」は賃金には当てはまりません。この点、厚生労働省の「雇用保険事務手続きの手引き（令和5年8月版）」が参

考となります。以下、重要箇所を抜粋し紹介します。

雇用保険法上の賃金とは

　賃金、給料、手当、賞与、その他名称のいかんを問わず、労働の対償として事業主が労働者に支払うすべてのものをいいます。

　すなわち、

(1)　「事業主が労働者に支払ったもの」であること

(2)　「労働の対償として支払われたもの」であること

の二つの要件を備えているものをいいます。

(1)　事業主を通じないで従業員が得るもの、例えば、従業員がお客様等から直接受け取ったチップ等は「事業主が労働者に支払ったもの」にならず、賃金とはなりません。

(2)　「労働の対償として支払われたもの」とは、

　①　実費弁償的なものでないこと

　②　任意的、恩恵的なものでないこと

資料出所：厚生労働省「雇用保険事務手続きの手引き（令和5年8月版）」の「第6章　賃金について」より抜粋。

「労働の対償として支払われたもの」について、補足します。例えば「実費弁償的なもの」とは出張旅費等が、「任意的、恩恵的なもの」とは結婚祝い金等が当てはまり、これらは賃金とはなりません。

　また、企業が契約しているスポーツジムの割引サービスのような福利厚生に当てはまるものも「労働の対償として支払われたもの」ではないため、賃金とはなりません。

　ここで注意しておきたいのが、「任意的、恩恵的なもの」であっても、「労働協約、就業規則、給与規程、労働契約等によりその支給が事業主に法律上義務づけられている場合及び慣習が慣習法となり又は慣習が労働契約の内容となることによってその支給が事業主に義務づけられているもの」であれば賃金となる点です（厚生労働省「雇用保険に関する業務

取扱要領〔令和6年4月1日以降〕」一般被保険者の求職者給付）。例えば、退職金については、退職金規程として明確に定めていなくても退職者が出るたびに支給していれば確立した慣習とみなされ、賃金となる可能性があります。

[2] 賃金水準の決定

　ここまで賃金とは何かについて、「賃金であるもの・ないもの」の視点で解説しました。では、労働の対償である賃金は、どのように水準が決まるのでしょうか。考え方として最低賃金法9条2項が参考になりますので、確認しながら解説していきます。

　（地域別最低賃金の原則）

第9条

2　地域別最低賃金は、地域における労働者の生計費及び賃金並びに通常の事業の賃金支払能力を考慮して定められなければならない。

　この条文では、地域別最低賃金の決定要素は、「労働者の生計費」「労働者の賃金」「通常の事業の賃金支払能力」だとしています。あくまで地域別最低賃金の決定方法にはなりますが、これを参考にしながら個々の企業に置き換えてみると、次のようにいえるのではないでしょうか。

　個々の企業では、労働者が生活できる水準を前提としつつ、競合他社の賃金水準と自社の賃金の支払い能力を踏まえ、労働の対償としての賃金水準を決定している。

　ここまでの整理から、賃金に対する理解が「何が賃金」で「その賃金はどのように決まるか」の視点で深まったと思います。本書では、賃金を「労働の対償として使用者が労働者に支払う賃金や手当、賞与等」として捉えた上で、賃金や手当、賞与等の支給方法やその水準等の設計方法

を解説していきます。

2 賃金項目の全体像

　賃金には目的や性質、支給対象、支給時期などの点で多種多様な項目があります [図表1-1]。支給時期でいえば、月々に支給する「月例給（所定内賃金、所定外賃金）」、月々に支給する賃金とは別に企業業績等

[図表1-1] 賃金項目の全体像

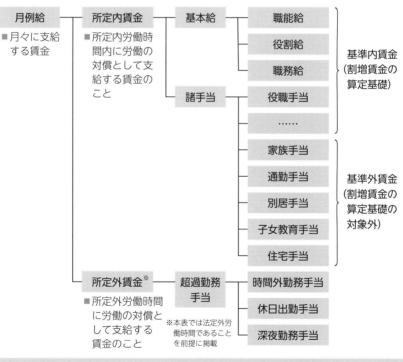

に応じて支給する「賞与、一時金等」、退職時に支給する「退職金」といったように分類することができます。ここでは代表的な賃金項目について、概要を解説していきます。

[1]所定内賃金

所定内賃金とは、所定内労働時間に労働の対償として支給する賃金のことを示します。一般的には、基本給および時間外勤務手当などの割増賃金を除く各種手当から構成されます。

基本給は、所定内賃金のうち手当以外の労働の対償のベースとなる部分です。企業によっては、「基本給」とそのまま呼ぶこともあれば、自社における等級制度の性質に合わせて、「職能給」「役割給」「職務給」等と呼ぶこともあります。

諸手当には、役職手当や公的・民間資格手当といった「職務関連手当」と、家族手当や住宅手当といった「生活関連手当」等があり、基本給だけでは対応できない部分（生活支援など）を補完する役割があります。

なお、割増賃金の算定基礎からは、家族手当、通勤手当、別居手当、子女教育手当、住宅手当等は除くことができますので、企業によっては、所定内賃金からこれらを除いた割増賃金の算定基礎となる賃金の合計を「基準内賃金」と呼ぶことがあります。

[2]所定外賃金

所定外賃金とは、所定外労働時間に労働の対償として支給する賃金のことを示します。「残業時間に行われた労働の対償」といったほうが理解しやすいかもしれません。「時間外勤務手当」「休日出勤手当」「深夜勤務手当」などさまざまな種類がありますが、一般的には「残業代」や「残業手当」と呼ばれるものです。本書では、これらの手当類を総称して「超過勤務手当」と呼び、解説していきます。

この所定外賃金には、厳密に言えば、所定外労働時間ではあるが「法

定内労働時間」に応じた賃金と「法定外労働時間」に応じた賃金があります。労働時間制度に関する詳細は本書では取り上げませんが、労働時間は原則1日8時間です。法定内労働時間とは、会社で定めた所定労働時間を超えているが、法定労働時間（8時間）を超えてはいない時間外労働時間であり、法定外労働時間とは、この8時間を超過して労働する部分の労働時間と捉えてください。法定外労働時間や休日労働時間、深夜労働時間に対しては、割増賃金の支給が必要となります。

[3]賞与、一時金等

　ニュースで「この夏（冬）のボーナスは3カ月分の支給」などと耳にすることがあるかと思います。賞与は、一般的には企業業績等に応じて年に2回または3回支給されます。2回の場合は、夏季（6月ごろ）と冬季（12月ごろ）に支給し、3回の場合はこれらに加えて決算期に支給することが多くあります。

　賞与は、労働基準法上の支払い義務はありませんが、慣行的に支給していたり、就業規則や賃金規程に定めていたりすれば、賃金として取り扱われ、定めた額を支給する必要があります。

　ただし、賞与には一般的に「業績貢献への報い」「生活保障」「賃金の後払い」などの性質があるといわれており、「業績貢献への報い」という意味合いでは、必ず支給することを前提としているわけではありません。企業業績が悪化して、還元すべき原資がないこともあるからです。多くの企業においては、業績が極端に悪くない限り支払われているというのが実態ではありますが、就業規則としては、「会社の業績の著しい低下その他やむを得ない事由により、支給時期を延期し、又は支給しないことがある」(厚生労働省「モデル就業規則（令和5年7月版)」)など、「賞与が不支給である可能性」を盛り込んだ記載となっているようです。

[4] 退職金

退職金とは、退職時に支給する賃金のことです。「賃金の後払い」「功労報償」「老後保障」等の性質があり、従業員にとって長期勤続のインセンティブとなります。

退職金は、労働基準法上の支払い義務はありませんが、慣行的に支給していたり、退職金制度や退職金規程として定めていたりすれば、賃金として取り扱われ、定めた額を支給する必要があります。労働基準法上の支払い義務のない性質のものではありますが、厚生労働省の就労条件総合調査によると、80％程度の企業で退職金制度があるため、広く導入されている仕組みといえます。

退職金は、「長期勤続のインセンティブ」との位置づけのため、過去には「勤続年数別テーブル方式」や「最終給与比例方式」で退職金の額を算出するという方法が採られていました [図表1-2]。しかしながら、これらの方式では在職期間中の役割・貢献度にかかわらず、長期勤続した人の退職金額が高くなるという問題があるため、近年では「ポイント制方式（＝等級や役職に応じたポイントを毎年付与、積み立てし、退職時の合計にポイント単価を乗じて、退職金額を計算する方法）」を採る企業もあります。

なお、本書で解説する範囲としては、基本給、諸手当、賞与を対象とします。退職金制度の詳細は取り扱いませんのでご了承ください。

3 企業経営における賃金の役割

ここでは、企業経営における「賃金」の役割を解説していきます。

当然ですが、賃金なしで従業員は働いてくれません。また、個々人の働きと関係なく、例えばサイコロの出目で賃金を全額決めるような企業では、従業員が適切に働いてくれるかは怪しいものです。

[図表1-2] 退職金の算定方法の例

勤続年数別テーブル方式

- 勤続年数別に定めた退職金額を支給

- 10年目であれば、420万円となる

最終給与比例方式

- 退職時の基本給×係数により額を決定して支給

- 基本給が30万円で勤続10年目であれば、係数が10.0のため、30万円に10.0を乗じて、300万円となる

ポイント制方式

- ポイントの合計×ポイント単価により額を決定して支給

- 1等級に5年、2等級に5年、2等級在級時に主任を5年としたときのポイントの合計は、300ポイント。ポイント単価を乗じて、300万円となる

―円―

勤続年数	退職金の支給額
1年目	0
2年目	0
3年目	0
4年目	600,000
5年目	1,200,000
6年目	1,800,000
7年目	2,400,000
8年目	3,000,000
9年目	3,600,000
10年目	4,200,000
11年目	4,800,000
12年目	5,400,000
13年目	6,000,000

勤続年数	退職金の係数
1年目	0.0
2年目	0.0
3年目	0.0
4年目	4.0
5年目	5.0
6年目	6.0
7年目	7.0
8年目	8.0
9年目	9.0
10年目	10.0
11年目	11.0
12年目	12.0
13年目	13.0

等級	ポイント
1等級	15
2等級	30
3等級	45
4等級	60
5等級	75
6等級	90
7等級	105

役職	ポイント
主任	15
係長	30
課長	45
部長	60
本部長	105

ポイント単価
10,000円

　上記はかなり極端な例ではありましたが、企業は従業員が提供した労働の見返りとして、従業員に対し賃金を支払うことが必要です。また、どのように働けば賃金をより多く支払うのかを決めておく必要があります。つまり、賃金は「従業員に適切に働いてもらうため、その働き方を方向づける役割を持つもの」といえるでしょう。では、賃金で「適切に

働いてもらうため、その働き方を方向づける」には一体どうすればよいのでしょうか。

　例えば、基本給の昇降給制度は、イメージが湧きやすいと思います。一般的に、人事評価が高ければ昇給額が高くなりますし、人事評価が低ければ昇給額が低くなります。このように、昇降給制度を通じて、「人事評価を高めるよう仕事に精を出してもらいたい」という、企業側からのメッセージを従業員に伝えることができます。また、家族手当などを支給する場合は、企業として「従業員の生活を支援することで、安心して働いてもらいたい」というメッセージを伝えることも可能となります。

　賞与制度において、単年度の業績に対する貢献に応じて賞与を支給すれば、短期的な成果に対するインセンティブを高めることにつながりますし、退職金制度では、勤続年数に応じて金額が増える仕組みとすることで、従業員の定着を高め、長期勤続を誘引することもできます。

　このように、賃金といってもさまざまな種類があり、その性質の違いを活用することで、「従業員に適切に働いてもらうために、働き方を方向づける役割」を果たしています。しかし、「方向づけ」の仕方を間違えてしまうと、従業員が賃金に不満を持ち、思ったように力を発揮してもらえないということが起こってしまいます。その典型的なケースが、次項で紹介する"年功主義"の賃金制度でしょう。

4　賃金制度の変遷

　ここでは、年功主義の考え方を交えながら賃金制度の変遷を解説します。賃金制度を考える視点として、組織がどのような人材マネジメントを志向しているかを表す「人事観」と、人事制度の根幹である「等級制度」の二つの観点で解説していきます（詳しくは、本書と同シリーズである『人材を活かす 等級制度の基本書』〔労務行政〕を参照してください）。

[1] 人事観の変遷

　人事観の代表的なものとして、「年功主義」「能力主義」「成果主義」「組織貢献主義（表現は説明のための造語）」があります。

　年功主義とは、「年齢や勤続年数に比例して処遇が高くなる」という人事観で、高度経済成長期以降の「日本型経営」の特徴となっています。年功主義は、高度経済成長期である1960年代から1970年代前半に定着したといわれています。高度経済成長期ですから、多くの企業は毎年業績が右肩上がりで、組織も拡大していました。業績に伴い組織が拡大していますので、企業としては人手の確保が重要課題でした。こうした背景から、従業員の確保や定着のために、年齢や勤続年数に応じて賃金が毎年上昇するような賃金制度が浸透していきました。現在、企業経営における年功主義の賃金制度は、「人件費が右肩上がり」「ハイパフォーマーとローパフォーマーで賃金差がつかない」といったネガティブな側面が注目されていますが、当時は、企業の人材戦略として合理的であったといえます。

　ただし、年功主義といっても、勤続年数や年齢のみで賃金を決定している企業は多くはありません。ほぼ同時に"能力主義"も広く普及していたといわれています。能力主義は、年齢や勤続年数ではなく能力がある者を高く処遇する人事観です。能力主義を採用していても年功主義と誤認されるのは、能力が不可視であることを理由に、能力の代替指標として年齢や勤続年数を用いて昇格運用がなされていたためです。

　しかし、多くの日本企業で1990年代初頭のバブル崩壊後に企業業績が悪化し、人件費をシビアに考えざるを得ないようになると、年功主義を維持する余裕が企業にはなくなっていきます。こうした背景において、1990年代以降普及していったのが、"成果主義"です。これは（不可視の）能力ではなく、目に見える「成果」を基準に評価し、賃金に結びつけていくという発想のものです。成果主義の賃金制度は、目先の利益にとらわれ、自身の成果を優先するあまりチームワークを阻害してしまうなど

の課題もありましたが、年功主義からの脱却に向けた有効な手段の一つではありました。その後、2008年のリーマンショック（米国の投資銀行の経営破綻により引き起こされた、世界的な金融危機と不況）を経て、2010年代は行き過ぎた「成果主義」を是正する動きとなりました。先に述べた「短期的視野」「チームワーク軽視」といった課題への反省点から、多くの企業で"組織貢献主義"といえるような思想で人事制度の改定がなされています。この特徴は以下のとおり整理できます。

・組織の価値観を重んじる（かつ、行動で体現できる）

・結果だけでなくプロセスも重んじる

・変化に対する行動や挑戦を重んじる

・問題解決に向けた協調・協働を重んじる

・ESG（環境・社会・ガバナンス）の視点での成果を重んじる

・数値業績に偏重せず心理的安全性を重んじる

・リスク管理・コンプライアンスを重んじる

[注]　三城圭太『人材を活かす 等級制度の基本書』（労務行政）より抜粋

[2]等級制度の変遷

　等級制度の代表的な種類には、①能力を基軸とした「職能資格制度」、②役割を基軸とした「役割等級制度」、③ポジション（役職・職務）を基軸とした「職務等級制度」の三つがあります（第2章で詳述）。

　戦後日本では、もともと年功的な人事運用に陥りやすい職能資格制度に基づく賃金制度が基本とされていたところに、年功主義からの脱却の文脈から、"仕事軸"の等級制度として2010年ごろより役割等級制度の割合が増えてきています［図表1-3］。2013年ごろは職能資格と役割等級が等級制度の中心でした。

　職能資格制度と役割等級制度の特徴は、後ほど詳述しますが、概して職務や役割の大きさと処遇がアンバランスになりやすい、ということが

[図表1-3] 各等級制度の採用割合（経年推移）

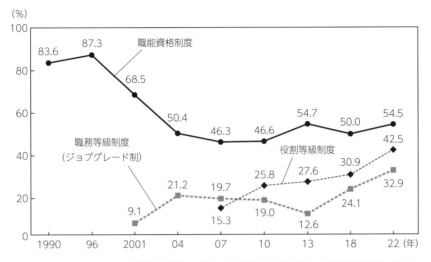

資料出所：労務行政研究所「職能資格制度に関する実態調査」（1990年）、「職能資格制度に関する実態調査」（1996年）、2001年以降は「人事労務諸制度の実施状況調査」

いえます。よくある例でいうと、職能資格制度において、上位等級の部長と下位等級の部長がいた場合、同一役職でも職能等級により賃金が決まるため、下位等級の部長の職能給のほうが低くなります。一方、役割等級制度では、大規模の支店長と小規模の支店長であれば、管理スパンは異なるものの同じ役職（支店長）として、同一の役割給となることがあります［図表1-4］。

[3] 職務等級制度の注目の背景

　このように日本企業の賃金制度は、職務と賃金が連動しないといった事情を抱えていました。しかしながら、2010年代の後半から2020年代には、職務等級制度に基づく賃金制度への改定に向けた動きが見られます。

　職務等級制度が注目される背景には、さまざまな要因が絡み合っていますが、ここでは「企業の要員構成と高年齢者雇用の在り方の変化」

[図表1-4] 職能資格制度と役割等級制度の賃金制度上のよくある課題例

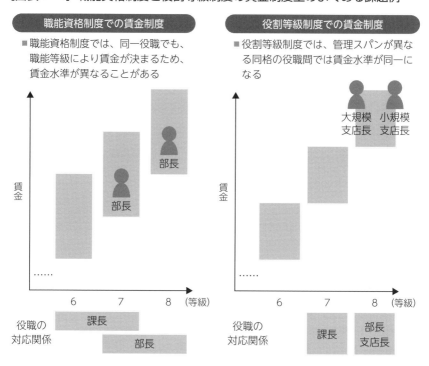

「パートタイム・有期雇用労働法の施行」「新型コロナの流行を契機とした新しいワークスタイルへの進化」を切り口に解説します。

(1)企業の要員構成と高年齢者雇用の在り方の変化

　日本社会は言うまでもなく、少子高齢化が進行中です。2020年の日本の人口構成は、15〜65歳（生産年齢人口）では40代後半が最も多くなっています。少子高齢化が進み、労働力が不足する中で、高年齢者等の雇用の安定等に関する法律（高年齢者雇用安定法）の改正により、企業においては、65歳までの雇用確保措置は義務であり、70歳までの就業確保措置が努力義務となっています。このことを踏まえると、10〜15年後には、60歳代後半の従業員が職場の重要な戦力という状況も当たり前に見られるようになるでしょう。

一方、これまでの高年齢者雇用の在り方といえば、担当する職務内容はほとんど変わらないものの、雇用をする代わりに "60歳を起点として賃金水準を大きく引き下げる" ということが行われてきました。しかし、60歳代の従業員が職場の重要な戦力という状況が当たり前になってくると、難しい職務に従事する高年齢層について、年齢を起点として賃金水準を大きく引き下げる賃金制度では合理的とはいえなくなるでしょう。

(2)パートタイム・有期雇用労働法の施行

非正規社員の割合は緩やかに増え続けています。総務省の労働力調査によると1980年代は非正規社員の割合は20％未満でしたが、今や35％を超えています。従来より非正規社員に関しては、正社員と比較したときの待遇面の低さが指摘されていました。

しかし、短時間労働者及び有期雇用労働者の雇用管理の改善等に関する法律（パートタイム・有期雇用労働法）では、いわゆる「同一労働同一賃金」を目指し、正社員と非正規社員の待遇差の是正が求められています。同法は、正社員と非正規社員との間の不合理な待遇差の解消を主眼としており、"職務等級制度に基づくものにしなくてはならない" という趣旨の法律ではありませんが、業務の内容および当該業務に伴う責任の程度（職務の内容）と職務の内容・配置の変更の範囲の観点から、賃金制度の在り方を見直すきっかけになるでしょう。

(3)新型コロナの流行を契機とした新しいワークスタイルへの進化

新型コロナウイルス感染症の流行は、新しいワークスタイルへの進化を加速させました。代表的なものは、テレワークの導入・定着です。

これまでは職場へ出社すれば、分担が曖昧なままでも業務遂行上の支障はありませんでした。分からないことがあれば、周囲に質問するなどして業務を進めることができ、また、職場の上司の目が届きますので、業務が滞っているようなことがあれば、適宜分担の見直しなどを行うことで業務の立て直しも容易でした。

しかし、周囲に簡単に質問ができない、上司の目が行き届かないテレ

ワーク下では、業務分担や仕事の進め方が曖昧なままでは、業務遂行上で問題が発生する可能性が高まります。「どの職務を誰がやるのか」「その職務の成果は何か」を従来よりも明確に管理する必要性が高まりました。

[4]職務等級制度に基づく賃金制度の今後

　このように、もともと構造的にあった「企業の要員構成と高年齢者雇用の在り方の変化」に加えて、近年の「パートタイム・有期雇用労働法の施行」や「新型コロナの流行を契機とした新しいワークスタイルへの進化」により、職務等級制度に基づく賃金制度への注目が高まっています。

　今後、この制度は定着していくのでしょうか。職務等級制度に基づく賃金制度への改定に向けた動きが定着するかどうかは未知数な部分はありますが、それを示唆するレポートや調査を以下に紹介します。

　2023年6月16日に閣議決定された「新しい資本主義のグランドデザイン及び実行計画2023改訂版」では、構造的賃上げを図るための三位一体の労働市場改革として「個々の企業の実態に応じた職務給の導入」を挙げています。同計画では、次のとおり述べられており、職務等級制度に基づく賃金制度を普及促進していく方針です。

> 職務給（ジョブ型人事）の日本企業の人材確保の上での目的、ジョブの整理・括り方、これらに基づく人材の配置・育成・評価方法、ポスティング制度、リ・スキリングの方法、従業員のパフォーマンス改善計画（PIP）、賃金制度、労働条件変更と現行法制・判例との関係、休暇制度等について、事例を整理し、個々の企業が制度の導入を行うために参考となるよう、多様なモデルを示す。

　また、先ほど紹介した［図表1-3］を見ても、職務等級制度の採用企業は実際に増加傾向にあります。このように足元では、職務に応じた賃金制度への見直しが増えています。

賃金制度には
どのような種類があるか

1 等級制度の種類

　多くの賃金制度では、等級に基づき、賃金水準や支給方法が決定されます。賃金制度を理解するためには、等級制度の理解が不可欠です。そのため、賃金制度の解説に入る前に、等級制度について解説していきます。代表的なものは以下の三つです。

Ａ：能力を基軸とした「職能資格制度」

Ｂ：役割を基軸とした「役割等級制度」

Ｃ：ポジション（役職・職務）を基軸とした「職務等級制度」

　ここでは、本書と同シリーズである『人材を活かす 等級制度の基本書』（労務行政）から抜粋しながら、各等級制度を解説していきます。

Ａ：能力を基軸とした「職能資格制度」

　職能資格制度は、社員の「能力」により人材を格付ける仕組みです。戦後日本経済における企業の成長の歩みとともに広く普及した制度であり、現在でも最も多く採用されている等級制度です。ほとんどのケースで、能力習熟に基づく定期昇給を伴う仕組みとなっており、「賃金は毎年上がるもの」という前提で運用されます。日本型雇用の特徴である年功序列、終身雇用制と密接に関係しており、安定して成長する企業に親和する仕組みといえます。

Ｂ：役割を基軸とした「役割等級制度」

　役割等級制度は、各人が担う業務遂行上・組織運営上の「役割」の大きさ・重要度を、企業が定める定義・基準に照らして格付けをする仕組みです。役割等級制度は、職能資格制度と職務等級制度の中間的性質を持っています。1990年代以降の成果主義人事制度ブーム以降、一足飛びに欧米型の人事制度（＝職務等級制度）を取り込むことが難しい企業を中心に導入されてきました。

Ｃ：ポジション（役職・職務）を基軸とした「職務等級制度」

　職務等級制度は、文字どおり「職務」を基軸に格付けを判断する等級制度で、日本では近年にわかに採用する企業が増えています。欧米では、「人事制度といえば職務等級制度」なので、外国資本の企業ではむしろ伝統的な仕組みといえます。日本企業においても1960年代に職務給の導入機運が高まり注目を集めましたが、その後職能資格制度が主流となっていました。しかし、バブル経済崩壊以降は、

・1990～2000年代前半ごろの成果主義人事制度ブーム
・2010年前後からの企業人事のグローバル対応
・2020年代のジョブ型雇用への転換の機運

——などが契機となって、職務等級制度への注目度が高まっています。

　各等級制度にはメリットとデメリットがありますが、代表的な特徴について、特に職能資格制度と職務等級制度を比較しながら解説します［図表2-1］。なお、役割等級制度に関しては、職能資格制度と職務等級制度の中間的な位置づけになりますので、詳細な解説は割愛します。

[1]貢献と処遇の一致

　職能資格制度は貢献と処遇の一致が図りづらく、職務等級制度は図りやすいという特徴があります。

　職能資格制度は、従業員の「能力」により人材を格付ける仕組みです。ただし、「能力は高いが仕事における貢献は低い」ということがあり得ます。そうならないためには、評価制度等を通じて能力を判定して、厳格に昇格を決定した上で、「高い能力を通じて仕事においても高い貢献を発揮する」という状態を作り出すことが理想です。しかし、能力は目に見えるものではありません。昇格判断における評価基準が曖昧である

［図表2-1］各等級制度の特徴（まとめ）

等級制度分類	職能資格制度	役割等級制度	職務等級制度
等級格付けの考え方	「能力（ヒト）」が基準 個人の職務遂行能力で等級が決定（原則、降格がない）	「役割」が基準 個人の役割の大きさで等級が決定（降格の仕組みあり）	「仕事（イス）」が基準 あらかじめ定められた個々のポジションの職務価値によって等級が決定
①貢献と処遇の一致	△曖昧かつ恣意的な等級判断に陥りやすい	○貢献度による処遇が可能。職務等級比でやや曖昧な等級判断となる	◎現在ポジションの職務価値と等級が厳密に連動
②総額人件費管理	△年功的運用に陥りやすい	○総額人件費管理が可能。ただし、やや年功的運用に陥る危険あり	◎総額人件費管理が容易。年功的運用を払拭できる
③不要な職務の抑制	△能力基準で半自動的に昇格が起こり、不要ポストが増えやすい	○昇格調整が可能。ただし厳密に運用しなければ不要ポストが増える	◎不要職務の創出や当該ポジションへの昇格が抑制される
④円滑な配置転換	◎異動による等級変更は伴わないため柔軟なローテーション運用がしやすい	○異動前後の役割を考慮の上、運用で工夫すればローテーション可能	△異動後の職務に応じ賃金改定されるため頻繁なローテーションが難しい
⑤昇格機会（本人視点）	◎本人の能力向上によって昇格可能	○本人のパフォーマンス（役割拡大）によって昇格可能	△パフォーマンスにかかわらず空席ポジションがないと職務変更ができない
⑥メンテナンスのしやすさ	◎メンテナンス・運用が容易	○役割基準の見直しなど、運用力がある程度要求される	△職務評価実施のノウハウ・体制が必要でありメンテナンスが難しい

資料出所：三城圭太『人材を活かす 等級制度の基本書』（労務行政、［図表2-3］も同じ）

と、能力の代替指標として年齢や勤続年数を用いるようになり、結果として昇格運用が形骸化しがちです。その結果、多くの場合において職能資格制度は年功的な昇格運用となり、貢献と処遇の乖離（かいり）は大きくなってしまいます。

　他方、職務等級制度は、「職務」を基軸に格付けをする仕組みです。例えば、人事部の課長は職務等級が「10等級」、総務部の課長は職務等級が「9等級」といったように、同じ役職であっても職務によって等級が異なります。等級の高い職務は、職務価値が高く企業への業績貢献も大きいと考えられるため、職務を軸に置く職務等級制度は、貢献と処遇の一致が図りやすい制度といえます。

[2]円滑な配置転換

　職能資格制度は円滑な配置転換を行いやすい一方、職務等級制度は行いにくいという特徴があります。

　職能資格制度は、原則として"異動に伴って等級を変更する"ということはありません。能力によって昇降格します。異動をきっかけに等級が下がるとなると、高まった能力（職能資格）が下がったことになるためです。つまり、職能資格制度では、異動による等級の変更は想定していません。そのため、従業員としては異動に伴って等級（賃金）が下がることを心配する必要がなく、結果として円滑な配置転換を行いやすい制度といえます。

　一方、職務等級制度は、先にも述べた例のとおり、人事部の課長は職務等級が「10等級」、総務部の課長は職務等級が「9等級」と、職務によって等級が異なります。仮に、人事部の課長が総務部の課長の職務に異動となった場合、10→9等級と等級が下がることに伴って、賃金も減少します。

　そもそも職務等級制度は、会社命令での異動を前提としない制度であり、円滑な配置転換を行いにくい側面があります。

[3]昇格機会

　職能資格制度では、同じ職務であっても本人努力での昇格機会の拡大が可能ですが、職務等級制度は同じ職務のままでは昇格できないという特徴があります。

　職能資格制度は、就いている役職や職務などに左右されずに、本人の能力次第で昇格可能です。例えば、人事部の課長が既にいた場合、同時に複数人が人事部の課長に就くことはありませんが、同程度の能力を有すると判断できれば、課長相当の等級への昇格が可能です。

　一方、職務等級制度は、本人のパフォーマンスがどうあろうと、職務変更がない限り昇格できません。例えば、人事部の課長が既にいた場合、そのポジションが空席にならなければ、上位の職務等級へ変更できないことになります（ただし、厳密に言えば、本人が課長の職務に対して現任課長を上回る適性を示し、企業が入れ替えを判断した場合は、昇格可能です）。

[4]メンテナンスのしやすさ

　職能資格制度は、事業環境の変化に応じたメンテナンス・運用が容易であり負担も小さく済みますが、職務等級制度はメンテナンスの負担が大きくなりやすいという特徴があります。

　職能資格制度における職能要件書の記載では、資格等級ごとに項目と内容が定められており、職務等級制度で用いる職務記述書と比較すると、抽象的な記述にとどめる傾向がありますので、事業環境の変化に応じて頻繁に変更しなくて済みます［図表2-2］。

　一方、職務等級制度は、職務ごとに職務記述書を準備し、職務評価により格付けを判断します。事業環境の変化や組織変更に伴う職務の新設・見直し・廃止に際して、職務記述書を作成・見直しの上、職務評価により格付けを行わなくてはなりません。このように職務等級制度は、導入時の負担だけでなく運用時のメンテナンス負担も大きくなる傾向に

［図表2-2］ 職能要件書と職務記述書

職能要件書の書式例

資格等級	職務遂行実績		職務に対する関心・意欲・態度		保有・発揮能力	
	項目	内容	項目	内容	項目	内容
7級	業務計画達成	………	経営参画意識	………	管理知識	………
	業務管理	………	コンプライアンス意識	………	業務企画力	………
	体質改善	………	コスト意識	………	決断力	………
	部下管理	………	責任性	………	渉外力	………
	経営補佐	………	積極性	………	人材育成力	………

職務記述書の書式例

■ポジション概要

職務名称	金融営業チームリーダー	職位コード	XXX	作成日	XXX
		ジョブグレード	XXX	上位ポジション	XXX

■職務内容

ミッション	担当する金融業界の顧客に対する売上拡大に向けて、営業計画の策定・遂行と、メンバーのマネジメント・育成を行う
主要な職務	・部の方針に基づき、チームの目標達成に向けた年間方針を策定する ・チームの年間方針に従って、メンバーの営業目標・計画・アサインを決定する ・大口取引先・新規取引先の顧客への営業活動・関係構築を行う ・XXX ・XXX ・XXX ※その他、ミッションを遂行する上で必要となる想定外の事態にも対応する
主要なKPI	・予算達成額・達成率 ・XXX ・XXX

■必要な知識・スキル・経験等

	必須条件	任意条件
知識・スキル・経験	・法人営業部門におけるソリューション営業の経験 ・金融各業界に関する知識 ・チームマネジメント経験	XXX
その他要件	XXX	XXX

資料出所：「職能要件書の書式例」は堀田達也『等級制度の教科書』（労務行政）、「職務記述書の書式例」は三城圭太『人材を活かす 等級制度の基本書』（労務行政）

あります。

　ここまで、各等級制度の特徴をメリットとデメリットを交えながら解説しましたが、等級制度に関してより詳しく知りたい方は、本書と同シリーズの『人材を活かす 等級制度の基本書』に詳しく掲載されていますので、併せて確認するとよいでしょう。

2　基本給

　一般的に、月例給の中心をなすのが基本給です。そのため、基本給の理解は、賃金制度を知る上での根幹ともいえます。以下では、基本給の「性質」「上下限」「昇降給」という観点で解説していきます。

[1]性質

　基本給は、等級制度の種類に応じて、次のとおり性質が決まってきます。

> 職能資格制度：職務遂行能力に応じて支給する「職能給」
> 役割等級制度：担う役割に応じて支給する「役割給」
> 職務等級制度：担う職務に応じた額を支給する「職務給」

[2]上下限

　基本給では、多くの場合、「上限」と「下限」という形で賃金の範囲が設定されています。これを「レンジレート」といいます。レンジレートのタイプとして、「重複型」「接続型」「階差型」の３タイプがあります[図表2-3]。また上限、下限という範囲のない「シングルレート」もあります。これらのタイプについて、等級制度との親和性と昇格意欲の

[図表2-3] 基本給レンジの設計パターン

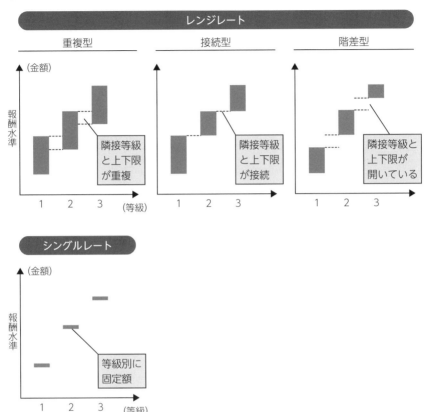

喚起の点から解説していきます。

(1) 重複型

　重複型は、基本給の水準について"下位等級の上限が上位等級の下限を上回っている"レンジレートのタイプで、つまり隣接等級と上下限が重複しています。この重複型は、同一等級で長く昇給し続けることができます。等級間の役割や職務の違いが相対的に明確でない職能資格制度、つまり「職能給」との相性がよいと考えられます。また、下位等級にとどまっても上位等級並みの基本給まで昇給可能であるため、上位等級への昇格意欲を喚起しづらい仕組みともいえます。

(2) 接続型

接続型は、基本給の水準について"下位等級の上限が上位等級の下限と同じ"レンジレートのタイプで、つまり隣接等級と上下限が接続しています。この接続型は、下位等級のままでは上位等級の下限までしか昇給することはできず、上位等級と下位等級の基本給の水準差が明確であるといえます。等級間の役割の違いが明確な役割等級制度、つまり「役割給」との相性がよいと考えられます。また、重複型とは異なり、上位等級への昇格意欲を喚起する効果が期待できます。

(3) 階差型

階差型は、基本給の水準について"下位等級の上限が上位等級の下限よりも低い"レンジレートのタイプで、つまり隣接等級と開きがあります（階差があります）。この階差型は、接続型よりも上位等級と下位等級の基本給の水準差がより明確となります。等級間の役割や職務の違いが明確な役割等級制度や職務等級制度、つまり「役割給」や「職務給」との相性がよいと考えられます。また、接続型よりも、上位等級への昇格意欲を強く喚起することが可能な仕組みです。

(4) シングルレート

シングルレートでは、基本給が1等級につき一つの水準（固定額）となります。このシングルレートは、そもそも昇格しない限り、昇給することがありません。今までの三つのタイプよりも等級間の基本給の水準差が明らかです。等級間の職務の違いが明確な職務等級制度、つまり「職務給」との相性がよいと考えられます。また、下位等級にとどまる限り、昇給もないため、今まで説明したどのタイプよりも、上位等級への昇格意欲を喚起する仕組みとなります。

[3] 昇降給

昇降給は、次の二つに大別されます。

> ・毎年の評価結果による基本給の昇給と降給＝「定期昇降給」
>
> 　　　　　　　　　　　　　　　　　（以下、定期昇給）
>
> ・昇降格時の基本給の昇給と降給＝「昇降格昇降給」
>
> 　　　　　　　　　　　　　　　　　（以下、昇格昇給）

　昇降給の在り方は、企業側の昇給原資の考え方、つまり従業員に対してどの程度昇給するための原資をどのように用意するかにも影響してきます。そのため、まずは「昇給原資の考え方」について解説してから、「定期昇給」について述べていきます。

(1) 昇給原資の考え方

　昇給原資の考え方は、大きくは①昇給原資管理方式、②昇給額積み上げ方式の2種類あります。

①昇給原資管理方式

　昇給原資管理方式は、昇給原資を決めてから、個人の昇給額を決定する方法です。先に全体の昇給原資額を決定した後、その原資内で個人の昇給額を決定するという性質上、毎年同一評価であったとしても、毎年同一昇給額になるとは限りません。具体的には、ある年にはB評価を取った場合に昇給額が5000円、翌年には同一評価のB評価であっても昇給原資が少なければ昇給額が4500円——となるケースがあり得ます。

　この方式の最大のメリットは、経営にとっては人件費のコントロールがしやすいということでしょう。

②昇給額積み上げ方式

　一方、昇給額積み上げ方式は、個々人の昇給額の積み上がった額が昇給原資となります。昇給原資がいくらになるかは、事前に分かりません。個人の評価と昇給額が決まってから、結果的に昇給総額として昇給原資が分かることになります。この方式の場合、毎年同一評価であれば同一昇給額とすることが可能です。上記①の例でいえば、ある

年にＢ評価を取った場合に昇給額が5000円であれば、翌年も同一評価のＢ評価を取れば5000円となります。

この方式のメリットは、評価と昇給額の対応関係を明示でき、評価や昇給を従業員のモチベーションマネジメントに活用しやすいということでしょう。

(2) 定期昇給

ここからは定期昇給について解説していきます。この定期昇給の方法にもいくつか種類があります。❶昇給額テーブル方式、❷段階号俸表、❸複数賃率表、❹シングルレートの洗い替えなどが代表的な方法です。

❶昇給額テーブル方式

昇給額テーブル方式は、評価に応じて毎年昇給額が積み上がっていきます。この昇給額は、毎年の昇給原資に応じて変更することが可能なように設計することが大半です。そのため、昇給原資の考え方が

［図表2-4］昇給額テーブル方式

昇給額を確保できたとき　　　　　　　　　　　　**昇給額を確保できなかったとき**

－円－

等級	S	A	B	C	D
8等級	9,600	8,800	8,000	7,200	6,400
7等級	9,000	8,250	7,500	6,750	6,000
6等級	8,400	7,700	7,000	6,300	5,600
5等級	7,800	7,150	6,500	5,850	5,200
4等級	7,200	6,600	6,000	5,400	4,800
3等級	6,600	6,050	5,500	4,950	4,400
2等級	6,000	5,500	5,000	4,500	4,000
1等級	5,400	4,950	4,500	4,050	3,600

－円－

等級	S	A	B	C	D
8等級	6,000	5,500	5,000	4,500	4,000
7等級	5,400	4,950	4,500	4,050	3,600
6等級	4,800	4,400	4,000	3,600	3,200
5等級	4,200	3,850	3,500	3,150	2,800
4等級	3,600	3,300	3,000	2,700	2,400
3等級	3,000	2,750	2,500	2,250	2,000
2等級	2,400	2,200	2,000	1,800	1,600
1等級	1,800	1,650	1,500	1,350	1,200

昇給額に
バラつきが出やすい

「昇給原資管理方式」であれば、昇給額テーブル方式を選択するのが適当でしょう。

　[図表2−4]のとおり、昇給額を確保できたときは、各等級の評価別昇給額が多くなり、例えば、3等級のA評価であれば6050円、5等級のB評価であれば6500円昇給します。逆に昇給額を確保できなかったときは、各等級の評価別昇給額が少なくなり、3等級のA評価では2750円、5等級のB評価では3500円昇給します。

　このように、昇給額テーブル方式は、毎年の昇給額にバラつきが出やすいというデメリットがあり、昇給額の安定性に欠ける面があります［図表2−5］。同じ評価を取得している場合、能力の発揮度合いの観点からは基本給に差がつく要素はありませんが、昇給額テーブル方式では入社年次によって差がつくことがあり得ます。

[図表2−5] 昇給額テーブル方式の課題（例）

【J氏】

年度	年齢	基本給（円）	評価	昇給額（円）
2024	22	220,000	入　社	
2025	23	224,000	B評価	4,000
2026	24	228,000	B評価	4,000
2027	25	229,500	B評価	1,500
2028	26	231,000	B評価	1,500

【L氏】

年齢	基本給（円）	評価	昇給額（円）
22	220,000	入　社	
23	221,500	B評価	1,500
24	223,000	B評価	1,500

2024年度に入社したJ氏は、昇給原資が確保できたため、2026年度（24歳時点）の基本給は22万8000円となった

2026年度に入社したL氏は、昇給原資が確保できなかったため、2028年度（24歳時点）の基本給は22万3000円となった

両者はともにB評価を取得しているため、24歳時点での能力の発揮度合いの観点からは基本給に差がつく要素はないが、昇給額テーブル方式では差がつくことがある

❷段階号俸表

　こうしたデメリットを克服しやすいのが、段階号俸表の活用です。段階号俸表は、評価に応じて毎年の昇号俸数が積み上がり、号俸にひも付く金額にまで昇給していきます［図表2-6］。すごろくをイメージすると理解しやすいでしょう。例えば、1等級1号俸（20万円）の人が、A評価をとった場合（5号俸昇号）は6号俸（20万5000円）となり、その後さらにB評価をとった場合（4号俸昇号）は10号俸（20

[図表2-6] 段階号俸表

評価に応じた昇号俸数					
評　価	S	A	B	C	D
昇号俸数	6	5	4	3	2

1等級		評価に応じた昇号				
号俸	金額（円）	S	A	B	C	D
1	200,000					
2	201,000					
3	202,000					
4	203,000					
5	204,000					
6	205,000					
7	206,000					
8	207,000					
9	208,000					
10	209,000					
11	210,000					
12	211,000					
13	212,000					
14	213,000					
15	214,000					
16	215,000					
…	…					

[図表2-7] 昇給額テーブル方式と段階号俸表の課題（例）

【J氏】

年齢	基本給(円)	評価	昇給額(円)
22	220,000	入　社	
23	225,400	S評価	5,400
24	230,800	S評価	5,400
25	236,200	S評価	5,400
26	241,600	S評価	5,400

差 (円)
0
1,400
2,800
4,200
5,600

【L氏】

年齢	基本給(円)	評価	昇給額(円)
22	220,000	入　社	
23	224,000	B評価	4,000
24	228,000	B評価	4,000
25	232,000	B評価	4,000
26	236,000	B評価	4,000

> キャリア早期で、差がつき過ぎるとモチベーションを維持することが難しいことも

万9000円）になります。

　この段階号俸表は、昇給原資の考え方を「昇給原資管理方式」とする場合、号俸間の額は不変であるため、昇給原資をコントロールするときに昇号俸数で調整することになります。しかし、それでは調整しきれずに、昇給原資を使い切れない、または、超えてしまうという現象が発生します。そのため、この段階号俸表を用いる場合、昇給原資の考え方は「昇給額積み上げ方式」とするのが適当でしょう。

　❶昇給額テーブル方式や❷段階号俸表は、評価に応じて昇給額が異なるため、評価に応じたメリハリをつけていくことができるという利点はあるのですが、数年にわたって高評価を取り続けた従業員と標準評価を取り続けた従業員で挽回し難い差が生まれやすくなります［図表2-7］。

❸複数賃率表

　このようなデメリットを克服しやすいのが、複数賃率表の活用です［図表2-8］。複数賃率表は、毎年1号俸昇号することを前提として、評価に応じた金額が設定されています。同一号俸の従業員の中で、高

第2章　賃金制度にはどのような種類があるか

[図表2-7] 昇給額テーブル方式と段階号俸表の課題（例）

【J氏】

年齢	基本給(円)	評価	昇給額(円)
22	220,000	入　社	
23	225,400	S評価	5,400
24	230,800	S評価	5,400
25	236,200	S評価	5,400
26	241,600	S評価	5,400

差 (円)
0
1,400
2,800
4,200
5,600

【L氏】

年齢	基本給(円)	評価	昇給額(円)
22	220,000	入　社	
23	224,000	B評価	4,000
24	228,000	B評価	4,000
25	232,000	B評価	4,000
26	236,000	B評価	4,000

> キャリア早期で、差がつき過ぎるとモチベーションを維持することが難しいことも

万9000円）になります。

　この段階号俸表は、昇給原資の考え方を「昇給原資管理方式」とする場合、号俸間の額は不変であるため、昇給原資をコントロールするときに昇号俸数で調整することになります。しかし、それでは調整しきれずに、昇給原資を使い切れない、または、超えてしまうという現象が発生します。そのため、この段階号俸表を用いる場合、昇給原資の考え方は「昇給額積み上げ方式」とするのが適当でしょう。

　❶昇給額テーブル方式や❷段階号俸表は、評価に応じて昇給額が異なるため、評価に応じたメリハリをつけていくことができるという利点はあるのですが、数年にわたって高評価を取り続けた従業員と標準評価を取り続けた従業員で挽回し難い差が生まれやすくなります［図表2-7］。

❸複数賃率表

　このようなデメリットを克服しやすいのが、複数賃率表の活用です［図表2-8］。複数賃率表は、毎年1号俸昇号することを前提として、評価に応じた金額が設定されています。同一号俸の従業員の中で、高

[図表2-8] 複数賃率表

毎年1号俸
必ず進む

―円―

号俸	金額				
	S	A	B	C	D
1	－	－	200,000	－	－
2	208,000	206,000	204,000	202,000	200,000
3	212,000	210,000	208,000	206,000	204,000
4	216,000			210,000	208,000
5	220,000			214,000	212,000
6	224,000	222,000	220,000	218,000	216,000
7	228,000	226,000	224,000	222,000	220,000
8	232,000	230,000	228,000	226,000	224,000
9	236,000	234,000	232,000	230,000	228,000
10	240,000	238,000	236,000	234,000	232,000
11	244,000	242,000	240,000	238,000	236,000
12	248,000	246,000	244,000	242,000	240,000
13	252,000	250,000	248,000	246,000	244,000
14	256,000	254,000	252,000	250,000	248,000
15	260,000	258,000	256,000	254,000	252,000
16	264,000	262,000	260,000	258,000	256,000
…	…	…	…	…	…

評価によっていずれかの
金額を適用する

評価が続く従業員と標準評価が続く従業員がいたとして、仮に次の昇号時に、高評価が続く従業員が標準評価を取り、標準評価が続く従業員が高評価を取った場合には、基本給水準は標準評価が続いていた従業員のほうが大きくなり、逆転可能となります。

　具体的に説明すると［図表2-9］、J氏とL氏がともに1号俸（20万円）から出発したとして、S評価を取得し続けていたJ氏が4号俸から5号俸への昇給時の評価でB評価を取った場合には21万6000円となり、4号俸から昇給しません。一方、B評価を取得し続けていたL氏が5号俸昇給時にS評価を取得した場合には21万2000円→22万円に昇給し、J氏の基本給を逆転するという運用になります。

[図表2-9] 複数賃率表のイメージ

―円―

号俸	金額				
	S	A	B	C	D
1	–		200,000	–	–
2	208,000	206,000	204,000	202,000	200,000
3	212,000	210,000	208,000	206,000	204,000
4	216,000	214,000	212,000	210,000	208,000
5	220,000	218,000	216,000	214,000	212,000
6	224,000	222,000	220,000	218,000	216,000

> B評価を取得し続けていたL氏は、S評価の取得によりJ氏を逆転

> S評価を取得し続けていたJ氏は、5号俸昇給時にB評価を取得したが昇給はしなかった

　この複数賃率表は、毎年の昇給により基本給の上昇を安定的にさせつつ、キャリアの早期で同期入社者間の差を大きくつけたくない、新卒採用者が多く在級している等級に適用することが考えられます。

❹シングルレートの洗い替え

　しかしながら、❶昇給額テーブル方式、❷段階号俸表、❸複数賃率表のいずれも、毎年の昇給自体はありますので、職務や役割が変わらないにもかかわらず昇給が続くということが発生します。こうしたデメリットを克服するために有効なのが、シングルレートの洗い替えです。シングルレートの一種なので、厳密には定期昇給はないのですが、評価結果の反映方法の視点として解説します。

　シングルレートの洗い替えは、等級と評価に応じて、基本給の水準を決定する方式です。別名「リセット方式」と呼ぶこともあります。高評価を取れば大きく基本給水準が上昇しますし、低評価であれば大きく水準が下がります。また、同じ等級で同じ評価にとどまり続ける限り、同じ基本給水準となります。その意味で、働きが同じであれば

[図表2-10] シングルレートの洗い替え

－円－

等級	金額				
	S	A	B	C	D
8等級	740,000	720,000	700,000	680,000	660,000
7等級	700,000	680,000	660,000	640,000	620,000
6等級	660,000	640,000	620,000	600,000	580,000

評価によっていずれかの金額を適用する
（6等級でB評価を取り続ければ、ずっと
62万円となり昇給なし）

同じ基本給ということとなり、職務や役割とその遂行結果に応じた基本給という意味で、非常に分かりやすくメリハリが利く仕組みといえます。［図表2-10］で説明すると、7等級であればB評価を取得すると66万円ですが、S評価を取得すると70万円となり、D評価を取得すると62万円となります。B評価を取得し続けると66万円のままです。

シングルレートの洗い替えは、定期昇給がなく安定性に欠けますので、基本給の水準が低い位置づけにある下位等級には適用困難なことが多く、管理職などの上位等級で適用されています。

以上、基本給について、その性質の違い、上下限の類型、昇給原資管理の方法、昇降給の方法の違いを解説してきました。

続いては、月例給の中で基本給を補完する機能を持つ諸手当について解説します。

3 諸手当

　ここでは、第1章の「**2　賃金項目の全体像**」で触れた、「諸手当」の中身について項目別に説明していきます。手当は多種多様ですが、それぞれの目的に合わせて、要件や金額を設定することで基本給を補完することができます。性質としては、「職務関連手当」「生活関連手当」の二つに大別できます。上場企業を中心に調査した労務行政研究所の「諸手当の支給に関する実態調査」によると、一般社員において、支給割合が多くなっている手当は、次のとおりです [図表2-11]。

● 職務関連手当

　「役職手当（役付手当）」「交替勤務手当・時差勤務手当」「公的・民間資格手当（資格保有者に対する手当）」「年末年始手当」

● 生活関連手当

　「家族手当・子ども手当」「単身赴任手当（別居手当）」「住宅手当」「地域手当・勤務地手当」

　以下では、多くの企業で支給されている手当を中心に確認していきます。

[1]職務関連手当
(1)役職手当 (役付手当)

　職制上の責任の重さに応じてや、役職者に対して支給する手当です。労務行政研究所の「諸手当の支給に関する実態調査」によると、設定額は企業によりバラつきがありますが、平均値では、課長で月額5万6000円程度、部長で同9万円程度が手当額として設定されています [図表2-12]。役職手当は、部長であれば人事部であろうと営業部であろうと同一の手当額を支給することが多いですが、管理の対象人数や経営への影響度などを踏まえて、同じ部長であっても異なる金額を設定している場

―(社)、%―

区　分		合　計	管理職		一般社員	
			支給あり	支給なし	支給あり	支給なし
職務関連手当	①役職手当（役付手当）	(299) 100.0	67.9	32.1	48.5	51.5
	②営業手当（外勤手当）	(299) 100.0	8.7	91.3	20.7	79.3
	③交替勤務手当・時差勤務手当	(299) 100.0	15.4	84.6	34.8	65.2
	④公的・民間資格手当 （資格保有者に対する手当）	(299) 100.0	29.1	70.9	39.5	60.5
	⑤特殊勤務手当（運転手、守衛など特殊な勤務に対する手当）	(299) 100.0	7.4	92.6	16.4	83.6
	⑥特殊作業手当（高所や汚染物処理など、危険や困難を伴う作業への従事に対する手当）	(299) 100.0	11.7	88.3	20.4	79.6
	⑦年末年始手当	(299) 100.0	26.8	73.2	39.1	60.9
	⑧宿日直手当	(299) 100.0	9.0	91.0	11.7	88.3
生活関連手当	⑨家族手当・子ども手当	(299) 100.0	40.5	59.5	71.2	28.8
	⑩単身赴任手当（別居手当）	(299) 100.0	82.3	17.7	82.9	17.1
	⑪住宅手当	(299) 100.0	28.1	71.9	45.2	54.8
	⑫地域手当・勤務地手当	(299) 100.0	30.4	69.6	37.5	62.5
	⑬寒冷地手当・燃料手当	(299) 100.0	15.4	84.6	16.4	83.6
	⑭食事手当	(299) 100.0	22.4	77.6	24.4	75.6
	⑮通勤手当	(299) 100.0	99.3	0.7	99.3	0.7
その他の手当	⑯出向手当	(299) 100.0	17.7	82.3	22.1	77.9
	⑰待機手当	(299) 100.0	5.0	95.0	10.0	90.0
	⑱在宅勤務手当	(299) 100.0	22.4	77.6	22.7	77.3

資料出所：労務行政研究所「諸手当の支給に関する実態調査」（2022年。［図表2-12］も同じ）

合もあります。

(2) 交替勤務手当・時差勤務手当

交替勤務は生活リズムが不規則になりやすいことから、その負担に対

［図表2-12］ 役職手当の分布状況

—(社)、%—

区　　　分	部　　　長	次　　　長	課　　　長	課長代理	係　　　長
合　　　計	(168) 100.0	(131) 100.0	(172) 100.0	(96) 100.0	(130) 100.0
1 万 円 未 満	0.6	0.8	0.6	5.2	16.2
1 万 円 台	0.6	1.5	5.2	22.9	42.3
2　　〃	3.0	6.1	11.6	13.5	25.4
3　　〃	6.5	4.6	15.1	20.8	6.2
4　　〃	7.1	13.0	15.7	9.4	4.6
5　　〃	11.3	11.5	12.2	8.3	0.8
6　　〃	10.7	13.7	8.7	4.2	3.8
7　　〃	8.3	8.4	6.4	6.3	0.8
8　　〃	9.5	6.9	6.4	4.2	
9　　〃	3.0	6.1	5.2	2.1	
10　　〃	9.5	5.3	5.2	3.1	
11　　〃	4.2	4.6	1.2		
12　　〃	3.0	3.1	1.7		
13　　〃	3.0	3.8	0.6		
14　　〃	3.6	2.3	3.5		
15　　〃	4.8	3.8			
16 万 〜 19 〃	7.1	3.8	0.6		
20 万 円 以 上	4.2	0.8			
平　　均（円）	90,362	77,068	56,453	37,187	19,068
最　　高（〃）	250,000	216,300	161,000	108,200	75,000
中 位 数（〃）	80,000	65,000	50,000	32,000	15,000
最　　低（〃）	9,000	8,000	7,000	7,000	2,000

［注］　1.　同一役職位の中で金額に幅がある場合は、最高・最低額の中間値で集計した。
　　　　2.　突出して高額な設定の企業（目安として課長で20万円以上）は集計から除外した。

して支給する手当です。主に交替勤務や時差勤務が発生する製造業で支給している企業が多くなっています。

(3) 公的・民間資格手当 (資格保有者に対する手当)

　公的・民間資格の取得や保有に対して支給する手当です。一定額の支給により資格取得の意欲を高めることを目的としています。該当業務に

従事していなければ支給しないこともあれば、従事している業務にかかわらず資格保有者に対して支給するケースもあります。毎月一定額を支給する場合と、資格取得時に一括して支給する場合などがあります。

(4)年末年始手当

　年末年始に勤務した場合に支給する手当です。年末年始は休暇を取得したいと考えている従業員も多いですし、実際に取引先や同僚等も休日や休暇を取得しているケースが多いでしょう。そうした日に勤務してもらう場合の動機づけとなるように、手当を支給します。

[2]生活関連手当

(1)家族手当・子ども手当

　配偶者や子ども等がいる場合に、生活の補助として支給する手当です。厚生労働省の「令和2年就労条件総合調査」[図表2-13]によると、平均的には月額1万8000円程度が手当額として設定されています。単に配偶者に対して無制限に支給すると、共働きで扶養の負担が少ない場合にも手当を支給することになりますので、一定の収入制限を設けることが一般的です。家族手当等に関してはこれまで対象を配偶者や子どもとすることが多かったのですが、介護といった事情にも幅広く対応するために、配偶者や子どもに限らず、従業員の父や母といった扶養親族まで対象とするようなケースもあります。

(2)単身赴任手当（別居手当）

　転勤前に居住していた家に家族を残して、単身で転勤先に居住する場合に支給する手当です。[図表2-13]によると、平均的には月額4万8000円程度が手当として設定されています。等級や役職に応じて金額を設定することもあります。

(3)住宅手当

　住宅費用に関する補助となる手当です。[図表2-13]によると、平均的には月額1万8000円程度が手当額として設定されています。住宅手

[図表2-13] 諸手当の支給水準

区　　分	業績手当など（個人、部門・グループ、会社別）	勤務手当				精皆勤手当、出勤手当など	通勤手当など（1カ月分に換算）
		役付手当など	特殊作業手当など	特殊勤務手当など	技能手当、技術（資格）手当など		
令和2年調査計	52.2	41.6	14.4	25.0	18.8	9.0	11.7
1,000人以上	50.1	50.3	12.6	25.4	17.8	6.4	13.3
300～999人	56.5	38.1	11.8	28.5	15.6	7.6	11.4
100～299人	46.0	38.8	13.3	22.6	18.9	7.9	10.8
30～99人	59.0	37.1	19.6	22.0	21.8	11.2	10.3
平成27年調査計	57.1	38.8	14.0	25.5	20.3	10.5	11.5

区　　分	生活手当					調整手当など	上記及び左記のいずれにも該当しないもの
	家族手当、扶養手当、育児支援手当など	地域手当、勤務地手当など	住宅手当など	単身赴任手当、別居手当など	左記以外の生活手当（寒冷地手当、食事手当など）		
令和2年調査計	17.6	22.8	17.8	47.6	8.7	26.0	32.0
1,000人以上	22.2	23.3	21.3	47.6	7.6	24.0	37.3
300～999人	16.0	23.0	17.0	47.7	9.0	27.5	26.4
100～299人	15.3	20.2	16.4	46.1	9.8	28.2	30.6
30～99人	12.8	22.3	14.2	49.6	9.3	24.9	32.4
平成27年調査計	17.3	22.8	17.0	46.1	9.3	26.1	30.5

資料出所：厚生労働省「令和2年就労条件総合調査」
[注]　「平成27年調査計」の数値は、平成26年11月分である。

当は、「持ち家」と「借家」の双方を対象に支給することが考えられますが、持ち家の者に対しては、そもそも支給しない場合や支給したとしても支給額を低く設定していることもあります。持ち家は住宅ローン返済後資産として残りますが、借家に関しては資産として残りません。借家の者との公平性も踏まえると、持ち家の者には支給しないという判断になるようです。

第2章　賃金制度にはどのような種類があるか

(4) 地域手当・勤務地手当

　地域の物価水準に応じて支給する手当です。[図表2-13] によると、平均的には月額2万3000円程度が手当額として設定されています。全国の転居転勤がある従業員を想定したときに、異動のたびに地域手当の金額が大きく変動するようでは、異動運営に支障を来します。支給額が一番小さい地域と大きい地域との差を大きくし過ぎない工夫が必要でしょう。

　ここまで、諸手当の支給条件などについて確認してきました。では、この諸手当の改廃のトレンドはどのようなものとなっているのかについて見ていきましょう [図表2-14]。

　まず、各種手当の制度有無という点で、平成17年（2005年）調査から令和2年（2020年）調査までの15年間の変化を見ると、各種手当「あり」と回答している企業は全体的に減少傾向となっています。中でも精皆勤手当・出勤手当（マイナス13.3％）や、家族手当をはじめとした生活手当（マイナス6.3％）は減少傾向が顕著です。

　精皆勤手当・出勤手当が廃止されている要因としては、出勤日数の多さが成果を生み出すような状況ではなくなり、企業があえて精勤や皆勤を奨励する仕組みを用意する必要性がなくなったということでしょう。家族手当をはじめとした生活関連手当の廃止に関しては、成果主義の人事観や職務等級制度が広まる中で、直接仕事に関係しない属人的手当を見直す動きが広まっているものと考えられます。

　意外に感じられるのが、業績手当が減少傾向（マイナス4.5％）にあることです。職務のパフォーマンスに応じた手当であるため、成果主義の人事観や職務等級制度の導入目的に照らすと増加しても不思議ではないように思えますが、行き過ぎた成果主義への反省から、"組織貢献主義"を重視した賃金制度への改定がなされている昨今の状況を踏まえると理解できる部分もあります。

[図表2-14] 手当の種類別制度有の企業割合の推移（調査産業計・複数回答）

—%—

区　　分	全企業	業績手当など（個人、部門・グループ、会社別）	勤務手当計	役付手当など	特殊作業手当など	特殊勤務手当など	技能手当、技術（資格）手当など	精皆勤手当、出勤手当など	通勤手当など（1カ月分に換算）
平成17年調査	100.0	18.3	88.5	81.6	13.9	23.7	48.8	37.3	89.4
平成22年調査	100.0	15.5	84.4	77.6	10.4	19.7	44.8	32.7	86.3
平成27年調査	100.0	14.9	85.5	81.0	11.8	22.5	45.4	28.0	85.6
令和 2 年調査	100.0	13.8	85.2	80.8	11.5	22.0	47.0	24.0	86.4
平成22年～平成17年調査		▲2.8	▲4.1	▲4.0	▲3.5	▲4.0	▲4.0	▲4.6	▲3.1
平成27年～平成22年調査		▲0.6	1.1	3.4	1.4	2.8	0.6	▲4.7	▲0.7
令和 2 年～平成27年調査		▲1.1	▲0.3	▲0.2	▲0.3	▲0.5	1.6	▲4.0	0.8
令和 2 年～平成17年調査		▲4.5	▲3.3	▲0.8	▲2.4	▲1.7	▲1.8	▲13.3	▲3.0

区　　分	全企業	生活手当計	家族手当、扶養手当、育児支援手当など	地域手当、勤務地手当など	住宅手当など	単身赴任手当、別居手当など	左記以外の生活手当（寒冷地手当、食事手当など）	調整手当など	左記のいずれにも該当しないもの
平成17年調査	100.0	79.5	69.6	13.8	43.8	18.5	19.2	26.7	13.5
平成22年調査	100.0	72.9	62.5	12.5	39.4	17.5	14.8	29.4	8.4
平成27年調査	100.0	72.8	62.8	11.9	42.6	15.1	15.7	31.9	10.4
令和 2 年調査	100.0	73.2	62.5	11.5	43.7	13.7	13.7	29.3	12.7
平成22年～平成17年調査		▲6.6	▲7.1	▲1.3	▲4.4	▲1.0	▲4.4	2.7	▲5.1
平成27年～平成22年調査		▲0.1	0.3	▲0.6	3.2	▲2.4	0.9	2.5	2.0
令和 2 年～平成27年調査		0.4	▲0.3	▲0.4	1.1	▲1.4	▲2.0	▲2.6	2.3
令和 2 年～平成17年調査		▲6.3	▲7.1	▲2.3	▲0.1	▲4.8	▲5.5	2.6	▲0.8

資料出所：厚生労働省「就労条件総合調査」
[注]　▲印はマイナスを示す。「不明」は省略した。

　このように各種手当を俯瞰（ふかん）して見てみると、手当の制度としては減少傾向にあることを認識しておくのがよいでしょう。

4 賞与

　就業規則や賃金規程等での定め方にもよりますが、一般的に賞与は、企業の業績に応じて水準が変動します。業績が好調であれば増額することがある一方、業績が芳しくなければ不支給ともなり得ます。賞与を理解するには、この業績に応じて「賞与原資が変動する」「賞与原資の増減によって個人の支給額が変動する」という構造を把握しておく必要があります。

　以下では、この構造を踏まえ、「賞与原資の決定方法」「（原資が決まった後の）個人への配分方法」の順で解説していきます。

[1]賞与原資の決定方法

　原資の決定方法には、大きく「個人賞与の積み上げ方式」「業績連動方式」の２種類があります。

(1)個人賞与の積み上げ方式

　個人賞与の積み上げ方式とは、支給する個々の賞与の総和が結果的に原資となる方法です。あらかじめ賞与原資は決定せず、個々に支給額が決定して初めて賞与原資が判明することになります。そのため、評価結果等によっては、想定していたより賞与原資が上振れ、もしくは下振れすることがあります。こうした課題の克服を目指す場合、業績連動方式の活用を検討することになります。

(2)業績連動方式

　業績連動方式とは、あらかじめ定めておいた業績指標の状況に応じて賞与原資の総額を決める方法です。ここでは代表的な方法として、業績指標に①「賞与原資の総額」を連動させる方式と、②「賞与の支給月数」を連動させる方式を解説します［図表2-15］。

［図表2-15］業績連動方式の代表的な方法

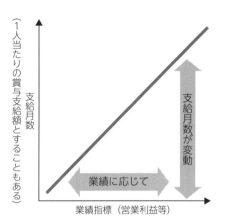

「賞与原資の総額」を連動させる方式

〇厳密に賞与原資を管理可能
△要員数が増えるような局面では1
　人当たりの賞与が減少してしまう
　こともある

「賞与の支給月数」を連動させる方式

△厳密に賞与原資を管理できない
〇要員数が増えるような局面でも1
　人当たりの賞与額を確保できる

①業績指標に「賞与原資の総額」を連動させる方式

　業績指標に「賞与原資の総額」を連動させる方式では、自社が定める業績指標に応じて、賞与原資の総額が増減します。例えば、業績指標を営業利益と定めた場合、営業利益が1億円増えたら賞与原資は1000万円増え、営業利益が減ったら賞与原資も減るという仕組みです。

　事前に賞与原資総額が確定するため、厳密な原資管理が可能になります。例えば、業績指標とした営業利益が増加していたケースでは、賞与原資の総額は増えますが、要員数がそれ以上に増えていれば、1人当たりの賞与額は減少することもあり得ます。

②業績指標に「賞与の支給月数」を連動させる方式

　一方、業績指標に「賞与の支給月数」を連動させる方式では、自社が定めた業績指標に応じて、賞与の支給月数が増減します。例えば、

業績指標を営業利益と定めた場合、営業利益が1億円増えたら賞与支給月数が0.1カ月増え、営業利益が減ったら支給月数が減るという仕組みです。

　業績によって支給月数が変化するため、厳密な原資管理ができません。例えば、業績指標の営業利益が増加していたケースでは支給月数が増加しますが、併せて要員数も増えていれば、増加した要員数分の賞与原資も必要になりますので、賞与原資総額が想定を超えて増加する可能性もあります。

　二つの方式を比較すると、概して人件費コントロールの観点でいえば①業績指標に「賞与原資の総額」を連動させる方式が優れていますし、従業員のモチベーション維持・向上施策という点では②業績指標に「賞与の支給月数」を連動させる方式が優れているでしょう。

③業績指標の考え方

　また、業績指標については、「本業のもうけ」という考え方から営業利益の利用率が最も高くなっていますが、このほか、「経常利益」や「売上高」などを用いるケースもあります［図表2-16］。最近では、

[図表2-16] 業績連動型賞与の導入状況と準拠指標

―(社)、%―

区　分		全　産　業				製造業	非製造業
		規模計	1,000人以上	300〜999人	300人未満		
合　計		(266) 100.0	(85) 100.0	(95) 100.0	(86) 100.0	(117) 100.0	(149) 100.0
導入している		63.2	58.8	69.5	60.5	61.5	64.4
導入していない		36.8	41.2	30.5	39.5	38.5	35.6
準拠指標（複数回答）	小　計	(163) 100.0	(50) 100.0	(65) 100.0	(48) 100.0	(70) 100.0	(93) 100.0
	売上高	38.7	32.0	38.5	45.8	47.1	32.3
	売上総利益	16.0	12.0	12.3	25.0	15.7	16.1
	営業利益	58.9	56.0	56.9	64.6	58.6	59.1
	経常利益	35.0	24.0	38.5	41.7	34.3	35.5
	税引前利益	13.5	8.0	10.8	22.9	14.3	12.9
	その他	11.7	12.0	15.4	6.3	12.9	10.8

資料出所：労務行政研究所「基本給と賞与の決定方法に関するアンケート」(2023年)
[注]　準拠指標の「その他」は、"ROA（総資産利益率）""自社のKPI／独自の指標" など。

グローバル化や設備投資等の影響を考慮して、「EBITDA」※を利用するなど各社の事情に合わせて業績指標を設定することもあります。

※「Earnings Before Interest, Taxes, Depreciation, and Amortization」の略。企業価値評価の指標であり、「利払い前」「税引き前」「減価償却前」利益などの意味。

[2]個人への配分方法

個人への配分方法は、(1)算定基礎額連動方式、(2)基準額方式、(3)ポイント方式の三つが代表的なパターンです。

(1)算定基礎額連動方式

算定基礎額連動方式は、「算定基礎額×支給月数×評価係数」が基本的な計算式となります［図表2-17］。算定基礎額は、賞与の業績貢献への還元といった目的に即して、「基本給＋役職手当」といった業績貢献への関連性が強い賃金構成とすることが一般的ですが、従業員の生活安定も目的の一つとするような場合、家族手当等の生活関連手当も含めた算定基礎とすることもあります。

いずれにせよ算定基礎額連動方式では、賞与額は算定基礎額の多くを

［図表2-17］算定基礎額連動方式

賞与＝算定基礎額×支給月数×評価係数

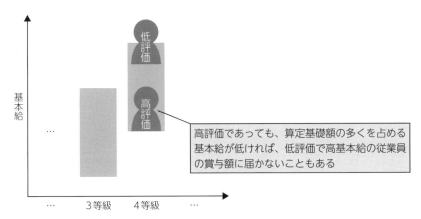

高評価であっても、算定基礎額の多くを占める基本給が低ければ、低評価で高基本給の従業員の賞与額に届かないこともある

占める基本給の大きさに影響を受けますので、基本給がレンジレートの場合、同一等級内でも基本給が高いほど賞与が高くなります。

評価係数については、高評価では係数が高く、低評価では係数が低く設定されますが、(A)評価結果がよく基本給が低い従業員と(B)評価結果が低調で基本給が高い従業員がいる場合、(B)のほうが賞与額が高くなることがあります。

しかし、企業側としては、業績貢献の大きい(A)に、より多くの賞与を支給したいという考え方もあるでしょう。こうした課題に対応するのが、(2)基準額方式です。

(2)基準額方式

基準額方式では、「等級別の基準額×支給月数×評価係数」が基本的な計算式となります［図表2-18］。等級別の基準額は、各等級の基本給レンジレートの上下限の中央値などで設定します。評価係数については、(1)と同様に高評価では係数が高く、低評価では係数が低く設定されますが、基準額方式では、同一等級内で同一の基準額が適用されます。このため、(A)評価結果がよく基本給が低い従業員と(B)評価結果が低調で基本給が高い従業員がいる場合、個々人の基本給水準にかかわらず(A)に賞与を多く支給することができます。

しかしながら、(1)算定基礎額連動方式、(2)基準額方式とも、評価が

[図表2-18] 基準額方式

賞与＝等級別の基準額×支給月数×評価係数

等級	基準額
…	…
…	…
4等級	350,000円
3等級	300,000円
2等級	250,000円
1等級	200,000円

同一等級では、同一の基準額を適用するため、評価に応じた賞与支給額とすることが可能

上振れしたときに、賞与原資が想定以上に上振れする可能性があります。人件費コントロールの観点でいえば、あらかじめ定めた賞与原資内に収めたいという考え方もあるでしょう。相対評価により、ある程度評価の偏りをなくすこともできますが、本来ならば支給額の大きいはずの高評価者が標準的な賞与額になってしまい、モチベーション低下にもつながりかねません。こうした課題に対応するのが、(3)ポイント方式です。

(3) ポイント方式

　ポイント方式では、「評価別ポイント×ポイント単価」が基本的な計算式となります [図表2-19]。ポイント単価は、「賞与の総原資÷従業員の総評価別ポイント」で求めます。したがって、賞与の総原資が増えればポイント単価が上がりますし、従業員の総評価別ポイントが評価の上振れにより上がればポイント単価が下がります。こうした調整機能を持たせることで、定めた賞与原資を従業員に配分することができます。

[図表2-19] ポイント方式

賞与＝評価別ポイント×ポイント単価*

＊ポイント単価＝賞与の総原資÷従業員の総評価別ポイント

賞与の総原資が増えればポイント単価が上がり、評価が上振れて従業員の総評価別ポイントが上がればポイント単価が下がる

評価別ポイント表

等級	S	A	B	C	D
8等級	1,050	875	700	525	350
7等級	900	750	600	450	300
6等級	750	625	500	375	250
5等級	600	500	400	300	200
4等級	525	438	350	263	175
3等級	450	375	300	225	150
2等級	375	313	250	188	125
1等級	300	250	200	150	100

[3]「個人への配分方法」と「賞与原資の決定方法」の組み合わせ

「個人への配分方法」と「賞与原資の決定方法」の組み合わせですが、基本的には、以下の相性がよいです。

- ■ (1)算定基礎額連動方式・(2)基準額方式→個人賞与の積み上げ方式

- ■ (3)ポイント方式→業績連動方式

ただし、(1)算定基礎額連動方式や(2)基準額方式を採用しつつ、一定の賞与原資内に収めたいときは、調整係数を用いるという方法があります。(1)算定基礎額連動方式は「算定基礎額×支給月数×評価係数×調整係数」、(2)基準額方式は「等級別の基準額×支給月数×評価係数×調整係数」（※実質「ポイント方式」と同じになります）というように調整係数を計算式に組み込みます。この調整係数は、「調整係数＝賞与の総原資÷評価実施後の従業員全員の賞与の総和」で求めます。例えば、算定基礎額連動方式でいえば、賞与の総原資が1000万円の場合に、評価が上振れて全従業員の賞与額の総和が1100万円のときには、調整係数は1000万円÷1100万円＝0.909……となります。

ここまで、賞与に関して「賞与原資の決定方法」「（原資が決まった後の）個人への配分方法」の観点で解説をしてきました。賞与に関しては、従業員の業績貢献をより高めるために、ここで解説をしたような方法を組み合わせながら、検討していくのがよいでしょう。

第**3**章

自社には
どのような賃金制度が
適しているか

1 賃金制度を見直す意義・目的

　ここからは、「自社の賃金制度をなぜ見直す必要があるのか」「見直しの方針はどのように策定すればよいか」について解説していきます。

　そもそも賃金制度を見直す意義や目的はなんでしょうか？　意義や目的というと抽象度が高く、思いつきにくいかもしれません。そこで実際に人事制度を見直すに至った具体的なきっかけを挙げてみます。例えば、見直しのきっかけとして以下のような動機が挙げられます。

・いまだに年功的な賃金制度であるため、成果主義に切り替えたい
・10年前に設計した賃金制度が今の事業環境に合っていない
・高年齢の従業員が増えてきたため、65歳までの定年延長を図りたい
・成果主義を導入したものの、当社の組織風土に合っていない
・マネジメント重視で、今後の事業の中核を担うであろうスペシャリストを処遇する枠組みがない

　これらのきっかけを俯瞰すると、つまるところ「会社が求める方向」と「従業員へのお金の払い方（賃金制度）」にずれが生じているときに、見直しを図っていることが分かります。

　例えば、「いまだに年功的な賃金制度であるため、成果主義に切り替えたい」ということであれば、会社は「仕事で成果を創出する従業員に報いたい」と思っているが、賃金制度は「年功的な仕組み、または年功的な運用のまま」ということです。また、「マネジメント重視で、今後の事業の中核を担うであろうスペシャリストを処遇する枠組みがない」のであれば、会社は一層の事業成長を目指すために「マネジメントだけでなくスペシャリストを処遇したい」と思っているが、賃金制度は「マネジメント重視」ということです。

これらのことを踏まえると、賃金制度の見直しの意義や目的は、「会社が求める方向」と「賃金制度」とのずれを是正し、「会社が求める方向と従業員へのお金の払い方を一致させること」と言えそうです。

2 賃金制度の検証の視点・方法

賃金制度の見直しのきっかけは、「会社が求める方向」と「従業員へのお金の払い方」にずれが生じていることであるとお伝えしました。賃金制度の検証は、このずれがどこでどのように生じているかを見つける作業となります。

そのずれですが、「経営環境や経営戦略との整合性」「外部との競争力」「内部公平性」「コンプライアンス」の視点で見つけていくのがよいでしょう。各視点の検証方法について、解説します。

[1]検証に用いる統計調査

検証は、統計調査と比較しながら行っていくことが一般的です。各視点の検証方法を解説する前に、検証によく用いる主要な統計調査を紹介します［図表3-1］。より多くの統計調査と比較して多角的に検証したい場合は、このほかの統計調査も『賃金・人事データ総覧』（労務行政研究所編、毎年1月刊行）に掲載がありますので、そちらも併せて確認するとよいでしょう。

[2]経営環境や経営戦略との整合性

経営環境や経営戦略との整合性は、経営層へのインタビュー内容や中期経営計画等と照らし合わせて、賃金制度がその方向性とずれていないかを検証します。インタビューでは、主に次の事項を確認するとよいでしょう。

［図表3-1］ 自社の賃金制度の検証によく用いる主要な統計調査

賃金構造基本統計調査	■調査機関：厚生労働省 ■調査対象：(1) 5人以上の常用労働者を雇用する民営事業所 　　　　　　(2) 10人以上の常用労働者を雇用する公営事業所 ■主な活用場面：年収比較、月例給比較、賞与比較 ■ポイント：賃金の実態を雇用形態、就業形態、職種、年齢、学歴、勤続年数別等に明らかにすることを目的とした調査。年齢階級別、役職別等、さまざまな面から賃金の水準や構造を見ることができる
モデル賃金・賞与実態調査	■調査機関：労務行政研究所 ■調査対象：全国証券市場の上場企業（新興市場の上場企業も含む）と、上場企業に匹敵する非上場企業（資本金5億円以上かつ従業員500人以上。一部「資本金5億円以上または従業員500人以上」を含む） ■主な活用場面：賃上げ（定期昇給、ベースアップ）比較 ■ポイント：モデル賃金、年収だけでなく、賃上げ配分等のデータも掲載されている
就労条件総合調査	■調査機関：厚生労働省 ■調査対象：常用労働者を30人以上雇用する民営企業 ■主な活用場面：諸手当の支給状況や世間水準の把握 ■ポイント：主要産業における企業の労働時間制度、賃金制度等について総合的に調査し、企業における就労条件の現状が明らかになっている
諸手当の支給に関する実態調査	■調査機関：労務行政研究所 ■調査対象：全国証券市場の上場企業（新興市場の上場企業も含む）と、上場企業に匹敵する非上場企業（資本金5億円以上かつ従業員500人以上。一部「資本金5億円以上または従業員500人以上」を含む） ■主な活用場面：諸手当の比較 ■ポイント：各種手当の制度有無、支給要件、水準等が調査されており、把握できる

［注］　「賃金構造基本統計調査」「モデル賃金・賞与実態調査」「就労条件総合調査」の調査対象およびポイントは、『賃金・人事データ総覧 2024年版』（労務行政研究所編）より抜粋し、主な活用場面は筆者が作成。「諸手当の支給に関する実態調査」の調査対象は、「労政時報」（第4051号 23.2.24）より抜粋し、主な活用場面およびポイントは筆者が作成。

> - **■ 経営環境および経営方針について**
>   - ・現在の経営環境（市場動向・顧客動向・競合動向など）
>   - ・今後の経営環境の変化の予測
>   - ・今後の経営方針
>   - ・今後の経営方針の実現に向けて、全社で強化していく分野・機能やなくしていくべき分野・機能
> - **■ 経営方針の実現に向け、必要な人材のイメージについて**
>   - ・経営方針の実現や必要な機能の充足に向けて必要な人材のイメージ
>   - ・人材のポートフォリオ（人材がどう構成されているかを分析し可視化したもの）のイメージ

インタビューの内容は、後ほど解説する「外部との競争力」や「内部公平性」の視点からの分析結果とも照らし合わせて、経営環境や経営戦略と現在の賃金制度が整合しているかを判断します。

例えば、中期経営計画や経営層へのインタビューにより、「技術開発の強化」が重要なテーマとして挙げられているとしましょう。この場合、技術開発者に相応の賃金を支払うことができる賃金制度が重要になってきます。そうしたときに、技術開発者の賃金が統計値等と比較して低ければ、経営環境や経営戦略と賃金制度が整合しているとは言い難いということになります。

また、DX※を進めることで定型業務を縮小していく方針があった場合などを考えると、該当業務を担う職種やコースの賃金水準を引き上げるといった議論にはなりにくく、たとえ定型業務を担う職種の賃金が統計値を下回っていたとしても、"経営環境や経営戦略と賃金制度が整合していない"とは言い切れないはずです。

※DX：デジタルトランスフォーメーション。デジタル技術を活用し、ビジネスモデルや業務プロセス等を改革すること。

このように経営環境や経営戦略を確認することで、賃金制度のどこに不整合が生じているかを明らかにすることができます。

[3]外部との競争力

　外部との競争力の視点では、統計値と比較して、自社の賃金水準に競争力があるかを検証します。統計調査にはさまざまなものがありますが、中でも厚生労働省の賃金構造基本統計調査は、産業別に年齢階級別や役職別の賃金水準が分かるなど、賃金制度の検証や設計に当たり必要な統計情報が充実していますので活用しやすいでしょう。

　賃金水準の比較や分析では、自社の具体的なベンチマーク企業のデータを入手できることが望ましいです。また、有料でサーベイデータを購入するという方法や、付き合いのある転職エージェントに業界水準を確認するような方法もあります。いずれにせよ、このような方法は有料である場合が多く、情報収集のための負担もあります。まずは賃金構造基本統計調査のような既存データを活用していきましょう。

　以下では、賃金構造基本統計調査を例に分析のポイントを説明します。

(1)賃金構造基本統計調査の特徴

　この賃金構造基本統計調査を用いて、水準として分かるのは「きまって支給する現金給与額」「所定内給与額」「年間賞与その他特別給与額」です。各内容について、賃金構造基本統計調査で使用されている主な用語について、用語の解説から抜粋します。

> ### ■きまって支給する現金給与額
>
> 　労働契約、労働協約あるいは事業所の就業規則などによってあらかじめ定められている支給条件、算定方法によって6月分として支給された現金給与額をいう。手取り額でなく、所得税、社会保険料などを控除する前の額である。
>
> 　現金給与額には、基本給、職務手当、精皆勤手当、通勤手当、家

族手当などが含まれるほか、超過労働給与額も含まれる。1カ月を超え3カ月以内の期間で算定される給与についても、6月に支給されたものは含まれ、遅払いなどで支払いが遅れても、6月分となっているものは含まれる。給与改訂に伴う5月分以前の追給額は含まれない。

現金給与のみであり、現物給与は含んでいない。

■ 所定内給与額

きまって支給する現金給与額のうち、超過労働給与額を差し引いた額をいう。超過労働給与額とは、次の給与の額をいう。

・時間外勤務手当：所定労働日における所定労働時間外労働に対して支給される給与
・深夜勤務手当：深夜の勤務に対して支給される給与
・休日出勤手当：所定休日の勤務に対して支給される給与
・宿日直手当：本来の職務外としての宿日直勤務に対して支給される給与
・交替手当：臨時に交替制勤務の早番あるいは後番に対して支給される交替勤務給など、労働時間の位置により支給される給与

■ 年間賞与その他特別給与額

調査実施年の前年1年間（原則として1月から12月までの1年間）における賞与、期末手当等特別給与額（いわゆるボーナス）をいう。

賞与、期末手当等特別給与額には、一時的または突発的理由に基づいて、あらかじめ定められた労働契約や就業規則等によらないで支払われた給与または労働協約あるいは就業規則によりあらかじめ支給条件、算定方法が定められていても、算定期間が3カ月を超えて支払われる給与の額および支給事由の発生が不確定なもの、新しい協約によって過去にさかのぼって算定された給与の追給額も含まれる。

これらの統計を利用して、自社の賃金と比較して分析していきます。比較に当たっては、統計値を一部加工して使用する必要があります。

(2)賃金分析に際する加工

年収に関して、時間外勤務手当等の超過勤務手当込みで比較したいときは、「きまって支給する現金給与額×12カ月分＋年間賞与その他特別給与額」の合計額と比較するとよいでしょう。このとき、通勤手当が統計値には含まれていますので、年間分の通勤手当を除いておきましょう。厚生労働省の令和2年就労条件総合調査［図表2-13］によると通勤手当は月額1万1700円なので、年額14万400円を差し引くといった事前準備を行います。

超過勤務手当を除いて比較したいときは、「所定内給与額×12カ月分＋年間賞与その他特別給与額」の合計額と比較するとよいでしょう。先ほどのとおり、通勤手当分を除くことを忘れないように注意してください。

また、統計値との比較に際して、自社の賃金項目と統計値との対応表を作成しておくと、迷わずに済むでしょう［図表3-2］。

[図表3-2] 自社の賃金項目と賃金構造基本統計調査との対応表（例）

自社の賃金項目			賃金構造基本統計調査との対応		
			所定内給与額	きまって支給する現金給与額	年間賞与その他特別給与額
月例給	所定内賃金	基本給	○	○	
		役職手当	○	○	
		家族手当	○	○	
		住宅手当	○	○	
	所定外賃金	時間外勤務手当		○	
		休日出勤手当		○	
		深夜勤務手当		○	
賞　与					○

(3) 年齢階級軸や役職軸での賃金分析

　次に「年齢階級」軸や「役職」軸で賃金水準を比較していきます。比較する対象は、自社と同じ産業を選択します。

　賃金構造基本統計調査の産業分類は「日本標準産業分類」に基づいています。自社が属する産業を選択するとよいでしょう。規模に関しては「企業規模計」「小企業（10〜99人）」「中企業（100〜999人）」「大企業（1000人以上）」の四つから選択しますが、原則的には自社と同規模もしくは企業規模計と比較します。ただし、企業規模は、「事業が拡大中である」「より優秀な人材を定着、獲得していきたい」といった方向感に照らして、より大きな企業規模と比較することも考えられます。

　では具体的に、年齢階級軸と役職軸について、年収を比較する前提で解説をします。

　年齢階級軸での比較では、統計値と自社の年齢別平均値同士を比較します。ここで分かる情報は、どの年齢階級が平均水準として統計値よりも優位にあるか否かということです。企業として同規模同業並み（あるいは以上）に賃金を支給しているかを判断します。統計値に満たない場合は、引き上げ施策を講じる必要性が高まります。また、統計値との比較ではないですが、併せて年齢別に自社の賃金プロットの開き度合いを確認しておくとよいでしょう。これは自社の賃金制度のポリシーどおりに賃金制度を運用できているかへの判断材料になります。例えば、賃金制度のポリシーでは成果主義とうたっているにもかかわらず、ほとんど同年齢で差がついていないということがあれば、ポリシーどおりに賃金制度を運用できているのかについて疑問が生じます ［図表3-3］。

　併せて、役職別でも、統計値と自社の役職者の平均値同士を比較します。ここで分かる情報は、どの役職が平均水準として統計値よりも優位にあるか否かです。会社として同規模同業種並み（あるいは以上）に賃金を支給しているかを判断します。特に、重要な役職であると社内で認識しているにもかかわらず、支給している賃金額が平均として低位にあ

[図表3-3] 賃金水準の比較（年齢階級軸）

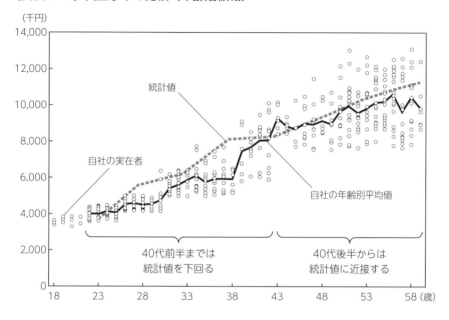

る場合は、引き上げ施策を講じる必要性があります［図表3-4］。

　続いて、年収ベースで比較していたものを「きまって支給する現金給与額」「所定内給与額」「年間賞与その他特別給与額」別に分解して分析します。要素別に分析することにより、統計値と比較したときに自社の年収が上回っている、あるいは下回っている要因を構造的に捉えやすくなります。

　例えば、「超過勤務手当を含む年収ベース」では統計値を上回っているものの、月々支給する「きまって支給する現金給与額ベース」では統計値を下回っているようなケースでは、"年間賞与その他特別給与額が統計値を上回っている"ということが分かります。一般的には、業績に応じる賞与よりも月々支給する給与額が高いほうが、賃金としての安定性が増すため、従業員には好まれます。また、「きまって支給する現金給与額」では統計値を上回っていたが、「所定内給与額」では下回って

[図表3-4] 賃金水準の比較（役職軸）

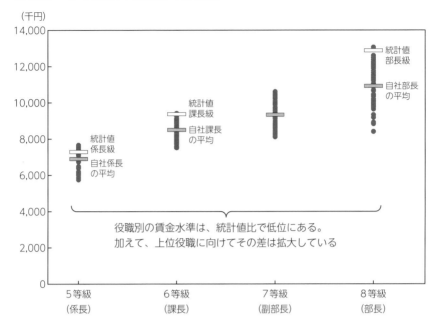

(千円)

14,000

12,000

10,000

8,000

6,000

4,000

2,000

0

統計値
部長級

自社部長
の平均

統計値
課長級

自社課長
の平均

統計値
係長級

自社係長
の平均

役職別の賃金水準は、統計値比で低位にある。
加えて、上位役職に向けてその差は拡大している

| 5等級
（係長） | 6等級
（課長） | 7等級
（副部長） | 8等級
（部長） |

[注]　（　）内は対応する主たる役職（[図表3-5]も同じ）。

いるというような場合は、"超過勤務手当について統計値よりも多く支
給している" ということです。一般的には、所定内給与額が高いほうが、
賃金としての安定性が増すため従業員には好まれます。単純に忙しく所
定外労働が多く発生している職場なのかもしれませんが、所定内給与額
が低過ぎると、生活残業も含めて所定外労働が多く発生している可能性
も考えられます。このように、要素別に分解することで、より採用力や
定着率を高めるための分析を行うことができます。

　また、これらの分析と併せて、年収に占める月例給や賞与の割合を確
認しておくことも有効です。これにより、自社の年収構成が統計値と比
較して安定的なのか否かを検証することができます。ただし、この割合
は、統計値と自社の年収が同程度であれば、問題なく分析できますが、

第3章 自社にはどのような賃金制度が適しているか

73

統計値との年収水準差が大きいとミスリードしかねないので注意が必要です。具体的には、統計値も自社も「月例給：賞与＝7：3」であったとして、絶対額で見ると「統計値は年収600万円、自社が年収500万円」というようなケースを考えると、"月例給：賞与の割合が統計値と同程度であるため問題なし"とはならないはずです。こうしたケースでは、賞与割合が高まってもよいので、賞与で年収差を埋めるような施策を検討すべきかもしれません。このような注意点がありますので、割合を分析するときは、絶対額も併せて分析することをお勧めします。

(4)労働分配率の考え方

　このように賃金水準の分析を進めると、「賃金水準が統計値よりも低いというのは分かった。しかし、当社は企業規模なりには賃金を払っていると思っている。労働分配率も考慮すべきではないか？」というコメントを経営層からいただくことがあります。そして、そうしたコメントを受けて分析をしてみると、実際に「労働分配率が自社は高い」というような分析結果が出ることがあります。「統計値と比較して賃金水準が低いが、労働分配率は自社が高い」というような分析結果が出ると、"企業なりには（頑張って）賃金を支払っているのだから、賃金水準の見直しは不要"と結論づけたくなります。確かにそのとおりの面もあるのですが、この場合、そもそも本業で稼ぐ力が弱まっていないかの注意が必要です。労働分配率（％）は「人件費÷付加価値×100」で求められます。人件費が高いのではなく、付加価値、つまり稼ぐ力が低くなっているときも労働分配率は高くなりがちです。

　また、労働分配率には次のような特徴がある点を考慮しなくてはなりません。

・労働分配率は、企業規模が小さくなればなるほど高くなる傾向がある

・付加価値は、「売上高－外部購入価値」（※控除法：中小企業庁方

式）と「経常利益＋金融費用＋人件費＋減価償却費＋賃借料＋租
税公課」（※加算法：日銀方式）のいずれかの方法で求められるが、
毎年変動しがちであるため、労働分配率も毎年変動する
・同業界だとしても全く同じビジネスをしている企業は少ないため、
労働分配率の比較は難しい

　第1章では「事業の賃金支払い能力」も賃金水準の決定要素の一つで
あると解説しましたが、上述のとおり労働分配率は取り扱いが難しい
指標ですので、利用するのであれば、数年間分の値について、自社と
大きな乖離（かいり）がないかを確認する程度にとどめたほうがよいでしょう。

　そもそも賃金制度を見直すのは、人材に投資しその稼ぐ力を再び高め
るため——という意図があったはずです。仮に「労働分配率が自社は高い」
という分析結果だったとしても、さらに労働分配率を高める賃金制度上
の対応が人材獲得や定着を図る上で必要だということも考えられます。
労働分配率を絶対視せず、多角的な視点で検討していく必要があること
を理解しておくとよいでしょう。

[4]内部公平性

　内部公平性の視点では、自社の賃金の水準や支払い方法が等級間や時
系列で見て適切かということを検証します。

　代表的な検証方法は、「等級別の賃金水準比較」「モデル賃金カーブの
作成」「手当の支給要件、対象者の整理」となります。

(1)等級別の賃金水準比較

　等級別の賃金水準比較では、年収ベースで等級間の賃金の重なり度合
いを確認します。重なりが大きければ大きいほど、下位等級でも上位等
級並みの賃金水準となります。こうした状態は、上位等級ほど重要な仕
事を任せられているにもかかわらず、適切な賃金を得られていない可能
性があるという点で、内部公平性が低いと考えられます。また、下位等

75

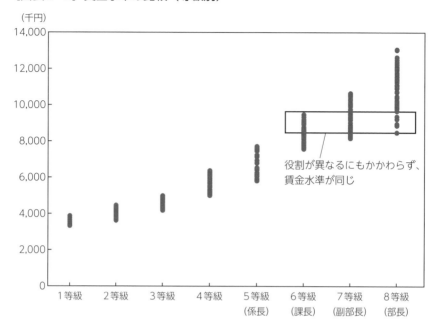

[図表3-5] 賃金水準の比較（等級別）

（千円）

役割が異なるにもかかわらず、
賃金水準が同じ

級でも上位等級並みに稼げるとなると、昇格への意欲を喚起しにくいと
考えられます [図表3-5]。

　ただし、仮に等級間の賃金の上限・下限の重なりが大きい場合でも、
昇格時に昇給するような仕組みであれば昇格意欲を喚起することは可能
です。賃金の分布を確認したときに、一部で等級間の賃金の上限・下限
の重なりが生じていたとしても、即座に昇格への意欲喚起効果が弱いと
断定するのは短絡的です。そのため、1人の従業員がどのように賃金が
上がっていくのかを確認する必要があります。それにはモデル賃金カー
ブを作成すると、どのように賃金が上がっていくか分かりやすくなりま
す。

(2) モデル賃金カーブの作成

　モデル賃金カーブは、労働組合などに過去に開示したものがあれば
そちらを利用しましょう。もしないのであれば作成します。モデル賃金

カーブを作成するには、昇格モデルが必要です。昇格モデルを作成するに当たっては、「等級×年齢の人数分布表」を確認します。このとき、人数分布表の対象は新卒採用者のみでよいでしょう。これは、中途採用者が混じると、昇格のタイミングが新卒採用者と異なることがあるためです。

　「等級×年齢の人数分布表」を作成したら、同一年齢内で最も人数の多い等級をハイライトしておきましょう。そうすると、自社においてどのように昇格を運用しているのかが分かりやすくなります［図表3-6］。

[図表3-6] 等級×年齢の人数分布表の例

－人－

等級	年齢（歳）																					
---	18	19	20	21	22	23	24	25	26	27	28	29	30	31	32	33	34	35	36	37	38	39
8等級	0	0	0	0	0	0	0	0	0	0	0	0	0	0	0	0	0	0	0	0	0	0
7等級	0	0	0	0	0	0	0	0	0	0	0	0	0	0	0	0	0	0	0	0	0	0
6等級	0	0	0	0	0	0	0	0	0	0	0	0	0	0	0	0	0	0	0	0	0	3
5等級	0	0	0	0	0	0	0	0	0	0	0	0	0	0	0	0	4	2	10	9	5	4
4等級	0	0	0	0	0	0	0	0	0	0	0	0	3	11	14	7	7	14	8	8	4	0
3等級	0	0	0	0	0	0	0	0	14	19	14	17	10	0	0	0	0	0	0	0	0	0
2等級	0	0	0	0	13	13	18	10	0	0	0	0	0	0	0	0	0	0	0	0	0	0
1等級	5	3	5	3	0	0	0	0	0	0	0	0	0	0	0	0	0	0	0	0	0	0
人数計	5	3	5	3	13	13	18	10	14	19	14	17	13	11	14	7	11	16	18	17	9	7
人数計（小計）	8		52					74					56					67				

等級	年齢（歳）																				合計
---	40	41	42	43	44	45	46	47	48	49	50	51	52	53	54	55	56	57	58	59	---
8等級	0	0	0	0	0	0	2	2	2	4	4	5	9	1	6	6	6	3	1	2	53
7等級	0	0	4	4	3	2	4	4	4	1	5	3	8	7	3	4	4	2	2	2	66
6等級	5	8	4	2	4	1	2	4	1	3	2	2	4	5	4	2	2	2	4	1	65
5等級	3	3	2	0	0	0	2	3	2	1	4	1	2	2	1	1	2	2	3	1	69
4等級	0	0	0	0	0	0	0	0	0	0	0	0	0	0	0	0	0	0	0	0	76
3等級	0	0	0	0	0	0	0	0	0	0	0	0	0	0	0	0	0	0	0	0	74
2等級	0	0	0	0	0	0	0	0	0	0	0	0	0	0	0	0	0	0	0	0	54
1等級	0	0	0	0	0	0	0	0	0	0	0	0	0	0	0	0	0	0	0	0	16
人数計	8	11	10	6	7	3	10	13	9	9	15	11	23	15	14	13	14	9	10	6	473
人数計（小計）	42					44					78					52					－

77

このような「等級×年齢の人数分布表」を参考にしながら昇格モデル（早期・標準・滞留）を作成します。それぞれの昇格モデルの作り方を解説します。

　早期昇格モデルは、自社における「昇格の仕組み」を確認して作成します。昇格の仕組みには、上位等級へ昇格するまでの最低在級年数が設定されていることがあります。この最低在級年数を、早期昇格モデルとして活用するのがよいでしょう。ただし、最低在級年数が早期昇格モデルとしてあまりにも非現実的である場合は、「等級×年齢の人数分布表」における、各等級内の最速年齢などを参考にして設定することも考えられます。

　標準昇格モデルは、「等級×年齢の人数分布表」における、年齢別に見たときの最頻値となる等級を参考にしながら設定していくとよいでしょう。例えば、［図表3-6］でいえば、5等級に昇格するタイミングは36歳となります。

　一方、滞留昇格モデルについては、標準昇格モデルをベースに何年遅れとするか、どの等級まで昇格させるかを設定しましょう。一般的に滞留昇格モデルは、管理職には昇格しないことを前提として検討することが多いです。

　こうして作成した昇格モデルを前提に、基本給の定期昇給や昇格昇給に加え、手当等の賃金を年齢別に展開し、モデル賃金カーブを作成します。このモデル賃金カーブでは「昇格昇給額と昇格タイミング」と「モデル賃金カーブ別の格差」を検証します。

①「昇格昇給額と昇格タイミング」の検証

　　昇格昇給額とそのタイミングに関しては、成長スピード、職務や役割の変わり目などと昇格昇給が連動しているか――について確認するとよいでしょう。例えば、上位等級に昇格するほど、昇格昇給額が高くなるように設計されていることが多くあります。これ自体に違和感はありませんが、下位等級から積極的に難しい仕事を任せているよう

な場合では、下位等級間での昇格昇給額を大きくしたほうがよいかもしれません。

　また、モデル賃金カーブの分析に加えて、実在者の賃金水準の平均値も併せて確認することで、より多角的に検証することができます。例えば、20代後半から30代前半の賃金水準が統計値と比較して低位にある企業があったとしましょう。この企業でモデル賃金カーブを作成してみると、上位等級への昇格ほど昇格昇給額が大きくなる仕組みになっているのですが、「20代後半から30代前半」に当てはまる下位等級間では昇格昇給額が小さく、そのことが要因で統計値と比較して賃金水準が低位になっている——と判明することがあります。

　また、管理監督者となるタイミングの昇格昇給額も確認しておきます。管理監督者になると、時間外勤務手当等が支給されなくなります。管理監督者への昇格後の賃金が昇格前の時間外勤務手当等を含んだ賃金総額を下回っているようであれば、"責任は重くなるが賃金は下がる"状態になってしまうため、適切に昇格インセンティブを確保できていない可能性があります［図表3-7］。

②「モデル賃金カーブ別の格差」の検証

　モデル賃金カーブ別の格差では、早期昇格モデル、標準昇格モデル、滞留昇格モデルの三つのモデル間の格差を検証します。確認できることとしては、「差がつくタイミング」「起点年齢別の年収差」「生涯年収差」の三つです。

　「差がつくタイミング」とは、"何歳ごろから差がつくようになっているか"ということです。類型としては、キャリアの「初期から差がつく」「管理職手前から差がつく」「管理職になってから差がつく」のいずれかとなりますが、自社の賃金制度のコンセプトと照らして、整合しているかを確認します。例えば、「成果主義」や「評価に応じた処遇」という旨のコンセプトを掲げているのであればキャリアの「初期から差がつく」ことが自然なのですが、実際は「管理職手前から差

[図表3-7] モデル賃金カーブの分析例①

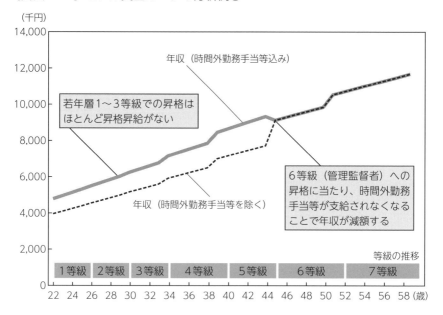

（千円）

- 年収（時間外勤務手当等込み）
- 若年層1～3等級での昇格はほとんど昇格昇給がない
- 年収（時間外勤務手当等を除く）
- 6等級（管理監督者）への昇格に当たり、時間外勤務手当等が支給されなくなることで年収が減額する

等級の推移

| 1等級 | 2等級 | 3等級 | 4等級 | 5等級 | 6等級 | 7等級 |

22 24 26 28 30 32 34 36 38 40 42 44 46 48 50 52 54 56 58 (歳)

がつく」仕組みになっている――といった齟齬が起きていないかを検証します。その上で、コンセプトどおりに運用できていない要因を分析しておきましょう。

「起点年齢別の年収差」は、30歳、40歳、50歳と三つの起点の年齢を確認しておくとよいでしょう。例えば、「管理職になってから差がつく」仕組みになっている場合は、30歳では差がつかず、40歳過ぎから差がつき始め、50歳になってようやく明確な差が出るようになっている――ということが想定されます。その場合、滞留昇格モデルであっても十分以上の年収に到達している可能性もありますし、「管理職」から差をつけ始めたとしても、優秀者を満足させるだけの十分な差を設けることができていないかもしれません。

「生涯年収差」は、各昇格モデルの累計年収を比較します。現状分析の段階では、賃金水準が適正か否かを判断することは難しいのです

[図表3-8] モデル賃金カーブの分析例②

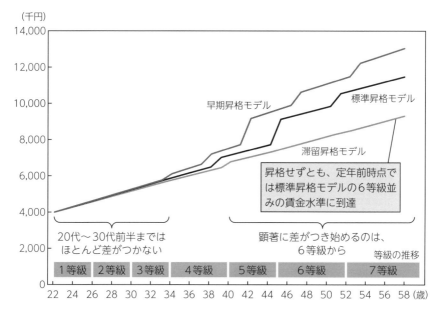

が、制度設計の結果この格差が拡大するのか否かは、特に労働組合と
しては着目するポイントの一つです。そのため、できるだけこの段階
で把握しておくとよいでしょう［図表3-8］。

(3)手当の支給要件、対象者の整理

手当の支給要件、対象者の整理では、「手当の必要性」「支給対象者と
非支給対象者との賃金格差の不公平感」「（手当が必要な場合に）支給要
件の妥当性」を検証します。

①手当の必要性

手当は、そもそも支給の必要性に基づいて支給していることが多い
はずです。最近の例でいえば、在宅勤務が広まる中で、多くの企業で
在宅勤務手当を支給するようになったことが該当するでしょう。その
ため、「必要性の有無」という観点では、既に支給している手当に関
しては、どれも「必要性あり」となってしまい、検証の意味をなさな

い可能性があります。したがって、「必要性の程度」を判断するのがよいでしょう。

　必要性の程度は、「手当の役目を終えていないか」「今後の会社の方向性にマッチしているか」を軸に検証するとよいでしょう。例えば、食事手当の制度がある企業の中には、昼食だけでなく夕食代も一部負担していることもあります。しかし、昨今の働き方改革の流れでいえば、そもそも食事手当の支給のためにかえって業務の効率化を阻害しているかもしれません。

　また、皆勤手当は、成果ではなく「毎日出勤する」ことを目的として支給する手当ですが、今では皆勤手当の支給が「成果への意識」を薄れさせているかもしれません。

　手当の必要性の検証方法として、統計値と比較して世間の支給の有無と照らしておくことも有効でしょう。世間が支給していないにもかかわらず自社が支給する必要性がどこにあるのか、再確認するきっかけになります。

②支給対象者と非支給対象者との賃金格差の不公平感

　手当は支給要件次第で支給対象者を限定できます。そのため、支給対象者と非支給対象者で不公平感が生じることがあります。代表的なものとしては、家族手当などの生活関連手当が該当します。同じ仕事をしているにもかかわらず、配偶者や子どもの有無で賃金に差がつくことに対して不満を持つ従業員がいるかもしれません。

　そもそも、こうした生活関連手当の支給に関しては、ライフステージに応じた手当を拡充することで、安心感を持って従業員に勤務してほしいという意図があるはずです。しかし、手当の必要性があると判断できる場合でも、手当額を大きくし過ぎると、非支給対象者の不満が大きくなる可能性もあります。

　このように、仮に必要性があると判断できる場合でも、手当の支給水準は統計値を参考に世間並みにとどめておくことが考えられます。

③支給要件の妥当性

　手当の必要性があり、支給水準も妥当というケースでも、本来的な目的に照らしてみると支給要件が妥当とは言えないことも考えられます。例えば、先ほど述べた家族手当は、配偶者が専業主婦である男性従業員を前提として支給要件を設計していることが多く、共働き世帯が一般的になった現在の環境下では、そもそも支給要件が妥当ではないと判断することがあります。具体的な支給要件例を挙げます。

【支給要件例】

・一定以下の収入の配偶者がいる場合に、月額1万円支給

・第1子：月額5000円、第2子：月額5000円をそれぞれ支給

【懸念点】

・支給要件となる対象者が、配偶者、子のみとなる

・配偶者が収入基準を超えないように、働き控えをする可能性がある

　高齢化社会において、父や母を扶養しながら勤務するようなケースも想定すると、配偶者や子どもということではなく、父母も含めた扶養家族を基準とした支給要件とすることも考えられます。

【支給要件例】

・配偶者、子、父母の扶養家族がいる場合に家族手当を支給する

・扶養家族　1人目：1万円

　　　　　　2人目：5000円

　　　　　　3人目：5000円

　また、配偶者の収入基準に関しては、「働く意欲のあるすべての人がその能力を十分に発揮できる社会の形成が必要となっている中、パートタイム労働で働く配偶者の就業調整につながる」（厚生労働省「企業の配偶者手当の在り方の検討」より抜粋）との指摘もあります。

これを踏まえると、家族手当ではなく「子ども手当」として見直すことも考えられます。

　このように諸手当に関しては、支給目的に照らして、「手当の必要性」「支給対象者と非支給対象者との賃金格差の不公平感」「(手当が必要な場合には) 支給要件の妥当性」を整理することで、課題を明らかにできます。

[5]コンプライアンス

　賃金制度におけるコンプライアンスの視点では、「管理監督者性」「割増賃金の算定基礎額」「同一労働同一賃金」が問題として挙げられることが多くあります。

(1)管理監督者性

　管理監督者とは、次のような者のことを指します。

> 労働条件の決定その他労務管理について経営者と一体的な立場にある者

資料出所：厚生労働省パンフレット「労働基準法における管理監督者の範囲の適正化のために」
より抜粋

　「経営者と一体的な立場」ですので、相応の賃金水準となっていることが管理監督者の要件の一つとなっています。その要件を満たしているかどうかを確認する方法として、本章2[4]で内部公平性の分析に用いた等級別の散布図 ([図表3-5] 参照) を確認します。確認の結果、管理監督者と非管理監督者での賃金水準の重複度合いが大きければ注意が必要です。

　ただし、重複が大きいからといって、短絡的に管理監督者の賃金水準を引き上げることは危険です。というのも、賃金水準は大きく四つある管理監督者の要件の一つであり、そもそも管理監督者が賃金水準以外も含めて、総合的に管理監督者としての要件を満たしているかを確認しな

くてはなりません。以下に挙げる「管理監督者の要件」の詳細は、厚生労働省のパンフレット「労働基準法における管理監督者の範囲の適正化のために」を確認ください。

1. 労働時間、休憩、休日等に関する規制の枠を超えて活動せざるを得ない重要な職務内容を有していること
   - 労働条件の決定その他労務管理について、経営者と一体的な立場にあり、労働時間等の規制の枠を超えて活動せざるを得ない重要な職務内容を有していなければ、管理監督者とは言えません。
2. 労働時間、休憩、休日等に関する規制の枠を超えて活動せざるを得ない重要な責任と権限を有していること
   - 労働条件の決定その他労務管理について、経営者と一体的な立場にあるというためには、経営者から重要な責任と権限を委ねられている必要があります。
   - 「課長」「リーダー」といった肩書があっても、自らの裁量で行使できる権限が少なく、多くの事項について上司に決裁を仰ぐ必要があったり、上司の命令を部下に伝達するに過ぎないような者は、管理監督者とは言えません。
3. 現実の勤務態様も、労働時間等の規制になじまないようなものであること
   - 管理監督者は、時を選ばず経営上の判断や対応が要請され、労務管理においても一般労働者と異なる立場にある必要があります。労働時間について厳格な管理をされているような場合は、管理監督者とは言えません。
4. 賃金等について、その地位にふさわしい待遇がなされていること
   - 管理監督者は、その職務の重要性から、定期給与、賞与、その他の待遇において、一般労働者と比較して相応の待遇がなされていなければなりません。

(2) 割増賃金の算定基礎額

　割増賃金の算定基礎額に関して、除外してよい賃金は、①家族手当、②通勤手当、③別居手当、④子女教育手当、⑤住宅手当、⑥臨時に支払われた賃金、⑦１カ月を超える期間ごとに支払われる賃金――となっています。これは限定列挙であるため、当てはまらない手当類は、割増賃金の算定基礎額に含めなくてはなりません（148ページ参照）。

　ただし、手当名を上記のとおりにすれば算定基礎額から除外できるわけではありません。例えば、住宅手当という名称であるものの、住居に要する費用に応じて算定しておらず、"誰に対しても月額１万円"というように全員一律定額で支給している手当は、算定基礎額から除くことができません。また、月ごとに各人の業績成果を集計し、集計結果に応じて毎月支給しているようなインセンティブ手当に関しても、割増賃金の算定基礎額に含めなくてはならない点に注意が必要です。

(3) 同一労働同一賃金

　同一労働同一賃金の問題では、パートタイム・有期雇用労働法（短時間労働者及び有期雇用労働者の雇用管理の改善等に関する法律）に照らして、賃金制度では主に手当の有無や支給水準を確認していくことになります。ここでポイントとなる条文を確認しておきます。

　　（不合理な待遇の禁止）

第８条　事業主は、その雇用する短時間・有期雇用労働者の基本給、賞与その他の待遇のそれぞれについて、当該待遇に対応する通常の労働者の待遇との間において、当該短時間・有期雇用労働者及び通常の労働者の業務の内容及び当該業務に伴う責任の程度（以下「職務の内容」という。）、当該職務の内容及び配置の変更の範囲その他の事情のうち、当該待遇の性質及び当該待遇を行う目的に照らして適切と認められるものを考慮して、不合理と認められる相違を設けてはならない。

（通常の労働者と同視すべき短時間・有期雇用労働者に対する差別的取扱いの禁止）

第9条　事業主は、職務の内容が通常の労働者と同一の短時間・有期雇用労働者（第11条第1項において「職務内容同一短時間・有期雇用労働者」という。）であって、当該事業所における慣行その他の事情からみて、当該事業主との雇用関係が終了するまでの全期間において、その職務の内容及び配置が当該通常の労働者の職務の内容及び配置の変更の範囲と同一の範囲で変更されることが見込まれるもの（次条及び同項において「通常の労働者と同視すべき短時間・有期雇用労働者」という。）については、短時間・有期雇用労働者であることを理由として、基本給、賞与その他の待遇のそれぞれについて、差別的取扱いをしてはならない。

　第9条はいわゆる「均等待遇規定」と呼ばれる条文です。職務内容と職務の内容・配置の変更の範囲が正社員と非正規社員で同一であれば、待遇についても均等なものとして取り扱わなければならないとしています。

　一方、第8条は「均衡待遇規定」と呼ばれる条文です。これは、正社員と非正規社員の間で、職務内容と職務の内容・配置の変更の範囲が異なっていれば、職務内容と職務の内容・配置の変更の範囲とその他の事情に応じて、待遇については均衡（バランス）をとってもよいとしています。

　なお、上記では「非正規社員」という語を用いて説明しましたが、パートタイム・有期雇用労働法で対象となるのは、短時間労働者か有期雇用労働者のいずれかに当てはまる労働者となります。

　この「均等待遇規定」「均衡待遇規定」に基づいて、基本給、諸手当、賞与といった待遇ごとに検証していきます。有期雇用の契約社員について「年収総額で契約しているから、手当は支給する必要がないのではな

いか？」と質問を受けることがありますが、この法律によれば、待遇ごとに検討していく必要があります。賃金に関しては、基本給、諸手当、賞与を対象に、この点について解説していきます。

　基本給や賞与に関しては、職務内容と職務の内容・配置の変更の範囲が全く同一であれば、均等待遇規定に当てはまりますので、正社員、非正規社員ともに同じ基本給の上限下限、昇給額や賞与制度が適用されることになります。しかし、多くの企業では正社員と非正規社員が全く同一の職務内容と職務の内容・配置の変更の範囲ということはなく、何らかの違いがあるはずです。例えば、正社員は職務の内容の変更や転居転勤を想定しているが、非正規社員については転居転勤を想定せず、職務の内容が変わることも想定されていない等です。このような違いがあり、かつ、人事制度上でその違いを踏まえた運用がされていたり、就業規則上でも違いとして明記されているのであれば、基本給や賞与の差異が直ちに不合理と判断される可能性は小さいでしょう。

　一方、精勤手当や皆勤手当などの諸手当に関しては、従業員の皆勤を奨励するといったように支給目的が明らかです。正社員には手当を支給しているが、非正規社員には支給していない場合、不合理となる可能性があります。手当の目的に照らして、支給有無や水準を判断しなくてはなりません。厚生労働省の「同一労働同一賃金ガイドライン」等も参考にするとよいでしょう。例えば、先に挙げた精皆勤手当に関して問題とならない例として、「A社においては、考課上、欠勤についてマイナス査定を行い、かつ、そのことを待遇に反映する通常の労働者であるXには、一定の日数以上出勤した場合に精皆勤手当を支給しているが、考課上、欠勤についてマイナス査定を行っていない有期雇用労働者であるYには、マイナス査定を行っていないこととの見合いの範囲内で、精皆勤手当を支給していない」と記載があります。

　ここまで、コンプライアンスの視点を解説しました。コンプライアンスの視点に関しては、「意図的に割増賃金を支払っていない」といった

明らかに法令に違反するケースであれば、即座に是正すべきだと判断できます。しかし、本書で解説したようなケースは、是正すべき程度の判断に迷うようなことが多いと考えられます。判断に迷う場合は、顧問の弁護士、社労士等の専門家に確認しながら対応を進めてください。

[6]生計費の捉え方

ここまで、「経営環境や経営戦略との整合性」「外部との競争力」「内部公平性」「コンプライアンス」の視点で、賃金制度の検証方法を解説しました。この章の最後に、生計費の捉え方を補足的に解説します。第1章の「賃金制度とは」では、企業における賃金水準の決定方法について、「労働者が生活できる水準を前提としつつ、競合他社の賃金水準と自社の賃金の支払い能力を踏まえ、労働の対償としての賃金水準を決定している」と述べました。その意味では、賃金制度の検証に際しては、生計費の観点も必要となります。

しかし、昨今では、「脱年功」「成果主義」「職務主義」といった観点で賃金制度の見直しが進んでいます。自社の賃金制度の見直しを、こうした観点に基づいて進めていく場合、主に世帯構成によって変わる生計費の観点で賃金制度を検証すると、かえって見直しの方向性との矛盾が生じてしまうことがあります。また、かつては"夫が働き、妻は専業主婦で、子が2人"といった標準生計費モデルがあり、この世帯類型を前提として"自社の賃金は、従業員の世帯を維持できるだけの水準か"という観点で分析していましたが、現在は共働き世帯が一般化したこともあり、この分析をする意味合いも薄れつつあります。そのため、まずは先ほど紹介した「経営環境や経営戦略との整合性」「外部との競争力」「内部公平性」「コンプライアンス」といった視点で分析し、その上で必要に応じて、生計費の観点で補足的に分析することをお勧めします。

「必要に応じて」とは、例えば「賃金構造基本統計調査における同業界の水準と比較して、相当程度賃金水準が劣位にある」「初任給を最低

賃金額付近で設定しており、定期昇給はほとんど行っていない」など、自社の賃金水準が相当程度低い場合、あるいは労働組合から比較を求められているといった場合が該当します。

3　課題の整理と見直しの方針の策定

　賃金制度の見直し方針は、経営戦略の方向性と一致していて、かつ、現在の賃金制度上の課題が解決できるものである必要があります。経営戦略の方向性と賃金制度の見直し方針を一致させるためには、本章2の「経営環境や経営戦略との整合性」で確認したように、中期経営計画や経営層へのインタビューの内容を整理していくとよいでしょう。

　では、具体的に何を整理するかですが、一般的に中期経営計画では「（複数事業があれば）事業ポートフォリオ」「事業別の戦略」「事業を支援する本社機能」に関するあるべき姿に触れた上で、そのあるべき姿を実現していくための道筋を明らかにしています。この情報から、賃金制度上の方針として、「どの職種」に対して重点的に投資し成果に応じて報いるべきかを把握することができます。

　また、経営層へのインタビューでは、中期経営計画で「理解したこと」「理解できなかったこと」を中心に確認していきます。理解したことに関しては、自身が中期経営計画から読み取ったことを経営層に直接聞いてみて、認識が間違いないか確認します。例えば、「この戦略をとるということは、営業職の一層の活躍が求められるという理解でよいか？」というように、具体的な職種を挙げて確認することが有効です。一方、中期経営計画で「理解できなかったこと」として経営層に意見を聞いておきたいのは、例えば“重要な階層”の認識についてです。中期経営計画を読み込んでも、重要な階層が「若手」なのか次代を担う「中堅層」なのか、それとも「管理職」なのかは、なかなか判断しかねるものです。

そのため、経営層へのインタビューによって、重要だと考えている階層を確認しておくとよいでしょう。

　中期経営計画、経営層へのインタビューを上記のとおり整理すると、「どの職種」の「どの階層」に対して、投資し報いるべきかということが浮かび上がってきます。ここまで整理すると、そろそろ賃金制度を設計し始めたくなりますが、方針策定の工程としてはまだ"5合目"です。先ほど、賃金制度の見直し方針は「経営戦略の方向性と一致していて、かつ、現在の賃金制度上の課題が解決できるものである必要がある」と述べました。つまり、「現在の賃金制度上の課題の解決」に関しても、方針として触れられている必要があります。課題は、本章2の「外部との競争力」「内部公平性」「コンプライアンス」で確認した内容を整理していきます。

　このとき、すべての課題を一度に解決できるとも限りませんので、課題の優先順位づけをしておくことが重要です。コンプライアンスに関しては、原則的には解決しなくてはいけないことですので、通常は対応の優先順位が高まります。ただし、特に管理監督者性や同一労働同一賃金の問題というのは、「意図的に割増賃金を支払っていない」といった分かりやすい法令違反とは異なります。判断に迷う場合は、弁護士等にも相談することをお勧めします。

　「外部との競争力」「内部公平性」の優先順位は、企業が置かれた環境によって異なってきます。例えば、業界内でも賃金水準が高く、採用も順調な企業においては、「外部との競争力」を意識した賃金設計の必要性は低い一方で「内部公平性」の優先順位が高まります。一方、賃金水準が低く、採用に苦戦しているがこれから規模を拡大していきたいような企業では、「外部との競争力」の優先順位が高まることが考えられます。

　ここまでの説明を踏まえると、賃金制度の見直し方針を策定するに当たって整理しておくべき情報は、[図表3-9]のとおりとなります。

　まとめた結果を踏まえて、賃金制度の見直し方針を策定すれば、「経

[図表3-9] 賃金制度の見直し方針策定に当たって整理しておくべき情報

分析の視点		整理しておくべき情報
経営戦略の方向性		どの職種、どの階層に対して、投資し報いるべきか
自社の賃金制度上の課題	外部との競争力	統計値と比較して年齢別、役職別で競争力があるか
	内部公平性	・等級別の賃金水準の重なり度合いが多く、昇格意欲をそいでしまっていないか ・モデル賃金カーブにおいて、職務や役割が変わるタイミングで昇格昇給は適切にあるか ・手当により、かえって、仕事に向かうモチベーションを下げてしまっていないか
	コンプライアンス	・管理監督者性は問題ないか ・割増賃金の算定基礎額は問題ないか ・同一労働同一賃金は問題ないか

営戦略の方向性と一致していて、かつ、現在の賃金制度上の課題が解決できるもの」となっていることが期待できます。

　しかし、これだけですと具体的なイメージは湧きにくいかと思いますので、賃金制度の見直し方針の事例を紹介します [図表3-10]。

　[図表3-10] は、経営戦略の方向性として、B事業本部のビジネス領域をより強化していきたいことが明確になっている例です。表のとおり、ビジネスを推進していく上で核となる部長の賃金水準が、他社とのベンチマーク比較で低いことが分かっています。その上、職能給を中心とした賃金制度であるが故に、部長の役職を担う人材と担わない人材で賃金水準に違いがなく、部長の不満が高まっている状態です。また、課長は、管理職としての権限がない状態であるにもかかわらず、管理監督者として取り扱われています。

　このように、経営の方向性とビジネスを推進させる上での課題を整理した内容を踏まえ、「部長」(特にB事業本部)の賃金水準の引き上げと、職務に応じた賃金制度への変更を中心に、見直し方針を組み立てました。

　これはあくまで例示ですし、経営戦略の方針や賃金制度の課題が異な

［図表3-10］賃金制度の見直し方針の事例

■ 課題の整理

分析の視点		分析結果
経営戦略の方向性		複数ある事業本部のうち、B事業本部のビジネス領域をより強化していく
自社の賃金制度上の課題	外部との競争力	役職別に見ると、部長の賃金水準が低い
	内部公平性	職能給を中心とした賃金制度であり、職務に応じた賃金となっていない（職能資格は高いが、役職を担っていない人も多数存在）
	コンプライアンス	課長は、職務権限等の観点から管理監督者とするのは困難である可能性が高い

■ 賃金制度の見直し方針

経営戦略の実現を図るための賃金制度の見直し
・上位階層を中心に職務給を導入し、特にB事業本部の部長の賃金水準を高める
・課長を非管理監督者とした上で、課長には超過勤務手当が支給されるようにする。賃金分布の重複を防ぐため、部長層の賃金水準をアップする

れば、賃金の見直し方針も変わりますが、自社の方針策定に際して参考としてみてください。

4　方針策定に当たり確認しておくべきその他の視点

　賃金制度の課題の整理や見直しの方針策定に当たっては、「経営戦略の方向性」「自社の賃金制度の上の課題」を踏まえていれば十分ですが、自社の賃金制度をより俯瞰的に見たときに確認しておくとよい視点として「トータルリワード」について解説します。

　トータルリワードとは、賃金を中心とした金銭的報酬だけでなく、学習機会や職場環境といった非金銭的報酬も含めて報酬を捉える考え方で

す。賃金制度の見直しのときに、トータルリワードの視点で確認しておくべきことは、おおまかに言うと、賃金制度の見直し方針と賃金以外のリワード（福利厚生、学習機会、職場環境等）が整合的であるかということです。整合的でないのであれば、賃金制度の見直し方針を踏まえて、賃金制度以外についても見直しを検討するのが望ましいでしょう。具体例を示しながら説明していきます。

　例えば、年功的な賃金が課題であり、賃金制度の見直しの方針として「成果に応じた賃金の還元を強める」ことを挙げている企業があったとしましょう。このとき、退職金制度が勤続年数に応じたものであったならば、これは整合的とは言えないでしょう。また、人事制度の方針として「機会平等」とすることを掲げているような場合では、仮にパートタイム・有期雇用労働法上の正社員と非正規社員の違いを同一労働同一賃金の観点から不合理とまでは言えないと説明できたとしても、「学習機会」や「職場環境」に雇用区分間で差があるようなことは望ましいとは言えないでしょう。

　賃金制度の見直し方針と賃金以外のトータルリワードの現状が整合的でないのであれば、賃金制度以外も見直しの検討対象に含めることが考えられます。ただし、見直し範囲が広過ぎると、実務上改定に手が回らないことも想定されます。一度に進めるのではなく、複数年かけて徐々に見直していくなどリソースを踏まえて見直し範囲や段階を調整する必要があります。段階を分ける場合は、“人事制度（等級制度、賃金制度、評価制度）を見直してから、そのほかの仕組みを見直す”という手順とするのがよいでしょう。新しく出来上がった人事制度を軸として、その他の福利厚生、学習機会、職場環境等に関しても見直しを進めることができます。

第**4**章

どのように
賃金制度の設計を進めるか

1　詳細設計の進め方の全体像

　ここからは賃金制度の詳細設計を解説していきます。見直しの工程は、「現状分析（第3章「**2　賃金制度の検証の視点・方法**」）」「方針の策定（同章「**3　課題の整理と見直しの方針の策定**」）」「詳細設計」「従業員とのコミュニケーション」を経て賃金制度の改定となります［**図表4-1**］。

　賃金制度の改定まで、おおむね1年程度の時間をかけて進めていきます。これは、賃金制度の改定に当たっては、等級制度や評価制度の改定を伴うことが多く、一定の期間を要するためです。このときの新制度の導入タイミングは、年度の始めや定期的な昇格・昇給の時期になるようにします。また、労使間の関係性、見直しの複雑さや改定範囲の広さによって必要な期間は異なります。例えば、初年度は管理職について改定し、次年度以降で非管理職の制度を改定する——というように、検討期間も含めて3年がかりの取り組みとなることもあります。加えて、従業員の生活に影響するという性質上、経営層は賃金制度の改定について慎重に意思決定を下す必要があります。賃金制度を改定するだけであれば、数カ月で完了できることもありますが、議論を尽くし、納得感のある意思決定をするためにも拙速に進めるのではなく、十分な検討期間をみておくほうがよいでしょう。

　十分な検討期間を計画した上で、賃金制度の詳細設計では、次のようなことを検討していきます。

・基本給の設計

・諸手当の設計

・賞与の設計

　以下では、このそれぞれについて設計方法を解説していきますが、基本給の設計に当たっては、等級制度への理解が欠かせません。最初に等級制度に触れた後、それぞれについて解説していきます。

[図表4-1] 賃金制度の改定の流れ（12カ月間の計画例）

1カ月	2カ月	3カ月	4カ月	5カ月	6カ月	7カ月	8カ月	9カ月	10カ月	11カ月	12カ月

現状分析、方針の策定

等級制度の詳細設計

賃金制度の詳細設計

評価制度の詳細設計

現状の課題によっては賃金制度の改定のみで対応できないケースが多数

新制度の移行方法の設計

従業員とのコミュニケーション

2　コース制度・等級制度の決定

　コースや等級に基づき、賃金水準や支給方法が決定されます。本書と同シリーズの『人材を活かす 等級制度の基本書』（労務行政）によると、コース制度には「単一型人事制度」「複線型人事制度」「コース別人事制度（総合職・一般職）」「コース別人事制度（総合職・技能職）」などがあります。一方、等級制度は「職能資格制度」「役割等級制度」「職務等級制度」の三つが代表的なものです。賃金制度、特に基本給の設計に当たっては、等級制度をこの三つのうちいずれかから選択した上で、階層数が決まっている必要があります。階層数に関しては、10階層と5階層の等級制度では、賃金の上限や下限も異なってきますし、上限・下限の幅が異なれば1年当たりの昇降給の想定額も異なってきます。そのため、

基本給の設計に当たっては、階層数を決めておく必要があります。また、コース制度も同様に、単一型人事制度なのか、複線型人事制度なのかによって、賃金の設計すべき対象コースの数や性質が異なってくるのを考えれば、基本給の検討に当たってコース制度が決まっている必要があるというのは理解しやすいでしょう。

では、等級制度の違いにより賃金設計にどのような影響があるのでしょうか。賃金制度の設計が、これから解説するようにはならないことも現実にはあるのですが、よく見られる賃金設計の特徴を理解しておくことは重要です。この特徴を踏まえた上で自社の状況に応じてアレンジしてください［図表4-2］。

[1]職能資格制度での賃金制度の特徴

職能資格制度における基本給は、一般的に職能給と呼びます。能力そのものは見えないため、個人の職務遂行能力を明確に判定することは困難です。また、改定前の賃金制度が年齢給を支給しているなど年功色の強いものであった場合、職能給を導入するときに、制度移行のことも見

［図表4-2］等級制度別 賃金設計においてよく見られる特徴

主要な設計の論点		職能資格制度	役割等級制度	職務等級制度
基本給	上限・下限の設計	重複に許容的	接続型や階差型	階差型（ジョブグレードに応じたシングルレート）
基本給	定期昇給	上位等級ほど大きくなる	必ずしも"上位等級ほど大きい"ことにこだわらない（上限・下限の高さそのものを重視）	定期昇給なし
手当		生活関連手当に許容的	生活関連手当を排除する	生活関連手当を排除する
賞与	賞与原資	全社一律的	全社の業績連動や組織業績連動	全社の業績連動や組織業績連動
賞与	個人への配分	基本給×支給月数	ポイント方式	ポイント方式

据えて年功的な要素や生計費的な要素を考慮して制度設計することもあります。こうした状況を踏まえると、前後する下位等級と上位等級で明確に基本給差があることに強くこだわるよりも、基本給の上限・下限の重複をある程度許容して設計することが多くあります。

上位等級ほど標準評価での昇給額を高く設定することも一般的です。上位等級と下位等級間で重複しているために同一基本給になっていたとしても、上位等級の昇給額が高いので、昇格したほうが厚遇されるという昇格インセンティブを確保しています。

職務遂行能力は経験年数に応じて習熟するため、長期勤続を促すための家族手当などの生活関連手当も補完的に支給することが多くあります。賞与に関しては、賞与原資の決め方は全社一律とし、個人への配分は、経験年数を重視するため、基本給×支給月数とすることが多くあります。

[2]役割等級制度での賃金制度の特徴

役割等級制度における基本給は、一般的に役割給と呼びます。役割等級制度では、"担当者、管理職補佐、管理職の役割を担う"というように、職務遂行能力と比較して階層の設け方が明確に区分しやすいという特徴があります。こうした明確さから、役割等級制度の場合は等級間の基本給の上限・下限において明確に差をつけやすくなります。そのため、基本給の上限・下限は接続型や階差型で設計することが多くあります。

また、接続型や階差型で設計すると、上位等級であれば下位等級より必ず基本給水準が高い状態になるため、"昇給額を上位等級ほど高める"設計にこだわる必要性は低くなります。そのようなことから、例えば、管理職等の上位等級では成果を重視し、"標準評価では下位等級よりも昇給額は小さいが、高評価の場合は昇給額を高くする"といったことが設計しやすくなります。

手当に関しては、家族手当などの生活関連手当は、"役割に基づく賃金"

という趣旨から支給しない傾向があります。賞与に関しては、賞与原資の決め方は全社の業績連動や組織業績連動を取り入れ、個人への配分は役割を重視するため基準額方式やポイント方式とすることが多くあります。

[3]職務等級制度での賃金制度の特徴

職務等級制度における基本給は、一般的に職務給と呼びます。同じ役位——例えば人事部の部長と経理部の部長であっても職務は異なります。こうした職務の差を基本給の差として表すような制度設計と親和性が高くなります。そのため、職務給では、基本給について等級（ジョブグレード）と基本給額が1対1で対応しているようなテーブルを設計することが多くあります。このようなテーブルの場合、等級（ジョブグレード）の変更により基本給の昇降給が発生します。逆をいえば、等級（ジョブグレード）の変更、つまり、職務の変更がない限り昇降給が発生しないことになります。

手当や賞与に関しては、職務に応じた賃金を重視するため、生活関連手当や経験年数は重視せず、前述の役割等級制度で記載したような特徴が見られることが多くなります。

[4]適用すべき等級制度の考え方

いずれの等級制度とするかは、組織構造や職種ごとの働き方にも影響します。例えば、営業職でいえば、「1人で売る」ことを前提にしつつ組織長が1人いるような組織構造なのか、組織長の傘下に複数のチームがある組織構造なのかによって採用すべき等級制度が変わってきます。

1人で売るような組織構造の場合、役割や職務の階層は、極端なケースでは「担当者」「組織長」という2階層になります。一方、組織長の傘下に幾つかチームがある場合、「サポートメンバー」「営業担当者」「チームの取りまとめ役」「組織長」という4階層程度と階層数は多くな

ります。前者のケースで「役割等級」「職務等級」を採用すると、昇格の回数は、組織長になるまでの1回限りとなります。しかも組織長には限られた人数しか昇格できませんので、多くの人は昇格できません。昇格数を絞り人件費をコントロールする上では、「役割等級」「職務等級」とするのがよいでしょうが、「従業員の成長」や「モチベーション維持・向上」の観点では、「職能資格」としたほうが妥当かもしません。

　このようにどんなコース制度・等級制度を採用するかは、基本給の設計に影響を及ぼします。等級制度の設計に関しては、本書と同シリーズの『人材を活かす　等級制度の基本書』に詳しく掲載されていますので、賃金設計に当たって、併せて確認するとよいでしょう。

3　基本給の設計（職能給、役割給）

　基本給は、年収に占める割合も高く、賃金設計のポリシーが最も色濃く表現される部分です。従業員へ新しい賃金制度を説明するときも、説明資料の紙面を割くことが多くなるでしょう。ここでは、職能資格制度や役割等級制度を前提としたときの、基本給（職能給や役割給）の設計を解説していきます。

　基本給の設計は、「等級別の上限・下限の設計」「基本給の改定水準や方法の設計」「モデル賃金カーブや統計値による検証」「設計による投資額（費用）の確認」「検証後の修正」の順に行います［図表4-3］。

[1]等級別の上限・下限の設計

　「等級別の上限・下限の設計」には、代表的に3種類の方法があります。「ポリシーラインを設定して上限・下限に展開する方法」「現行制度の基本給の上限・下限を修正する方法」「モデル賃金カーブを踏まえて設計する方法」です。

[図表4—3] 基本給の設計手順

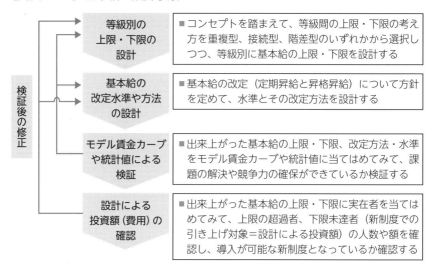

[図表4-4] 解説の前提となる等級と役職の対応関係

等級	役職
7等級	部長
6等級	副部長
5等級	課長
4等級	係長
3等級	主任
2等級	担当者
1等級	

　以下では、1〜7等級の7段階のケースを想定し、方法別にメリットとデメリットを解説していますので、それぞれの特徴を踏まえ、自社の置かれた状況に応じて設計方法を選択または組み合わせてください。等級と役職との対応関係のイメージは、[図表4-4] のとおりです。

(1)ポリシーラインを設定して上限・下限に展開する方法

　手順としては、[図表4-5] のとおりです。

　メリットとしては、ベンチマーク水準が決まれば設計の負担が小さい

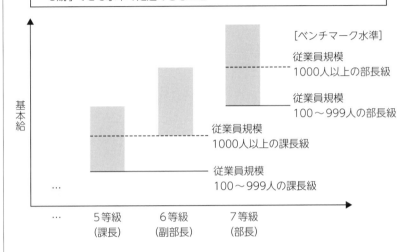

〔ポリシーラインを設定するときの方針例〕
- なりたての役職者が、当社（＝500人規模）と同規模の役職者を上回る水準とすること
- 役職者として安定的に活躍できる人材を、当社よりも規模の大きい企業とも競争できる水準で処遇できること

①等級数を決定

等級数を決定します。数が多ければ多いほど、等級間の基本給の水準差は小さくなる傾向にあります。このとき、現等級と新等級の対応関係も併せて整理しておきます。

②新等級とベンチマーク水準との対応関係を設定

新等級とベンチマーク水準の対応関係を設定します。例えば、ベンチマーク水準の課長水準が50万円の場合、新等級の課長相当である５等級の基本給の下限を50万円とします。これで必ず５等級は、ベンチマーク水準の課長水準が50万円以上となりますので、賃金の競争力が確保できます（上限・下限の中央値をベンチマーク水準とする方法もあります）。

③初任給を設定

初任給を設定します。競合他社との対比で引き上げが不要な場合は、現行制度の水準とします。例えば、現行制度での基本給の初任給が20万円であれば、１等級の下限を20万円とします。

④接続型で上下に展開

初任給から順に、ベンチマーク水準まで接続型で展開していきます。このとき、５等級から管理監督者とする場合、５等級の下限から超過勤務手当分を引いた額が４等級の上限となります。そのため、４等級の上限から１等級の下限まで接続型を前提に各上限・下限の幅が同額になるように展開します。

7等級の上限水準については、社内の執行役員や取締役の水準を踏まえて設定します。

その上で、5等級、6等級、7等級については接続型を前提に各上限・下限の幅が同額になるように展開します。

⑤実在者の分布を踏まえて、重複度合いを調整

実在者を新制度の上限・下限の幅に当てはめることで、実在者の下限未達額や上限を超過する額を確認し、新しい基本給の上限・下限として現実に導入可能かを判断します。

導入困難な場合、接続型で設計していた基本給について上限の引き上げや下限の引き下げを行うなどして調整し、重複型とします。

ことです。また、ベンチマーク水準に合わせるので外部との競争力も確保しやすいでしょう。

デメリットとしては、現行制度の課題を解決しにくいことや現行制度との乖離（かいり）が大きくなりがちであることです。例えば、下位等級間でほとんど昇格昇給がないなどの課題があったときでも、この設計方法だと結果的に昇格昇給を設定できないことが考えられます。また、これまで労働組合とモデル賃金カーブを確認しながら交渉していた場合、賃金カーブが上昇する場合はよいのですが、賃金カーブが下がるときに「下がる要因はポリシーラインを設定し上限と下限に展開したため」という説明では労働組合の納得を引き出しにくいでしょう。

そのため、この方法での設計がなじみやすいのは、賃金の引き上げとなるケース、労働組合には加入しておらず直接の交渉対象ではない管理職の設計のケース、現行制度との連続性を気にしなくてよい賃金制度を導入するケース等が想定されます。

(2)現行制度の基本給の上限・下限を修正する方法

手順としては、[図表4-6]のとおりです。

メリットとしては、賃金の課題を踏まえて上限・下限を設計できることです。例えば、"4等級と5等級での水準逆転があるため、管理監督者である5等級の下限水準を引き上げる"といったように、課題とその対応策が分かりやすく、従業員や労働組合にも説明しやすいでしょう。

[図表4-6] 現行制度の基本給の上限・下限を修正する方法

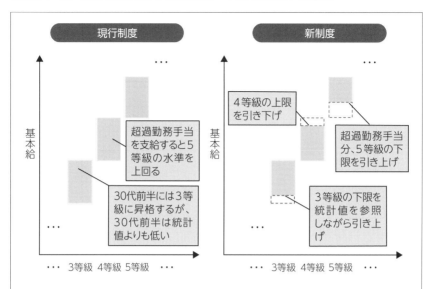

①等級数を決定

　等級数を決定します。このとき、現等級と新等級の対応関係も併せて整理しておきます。ここでは、解説の複雑さを回避するため、現行制度と新制度の等級数は同じとします。

②現等級と新等級の対応関係を前提に、現行制度の基本給の上限・下限を新制度の上限・下限に設定

　現行制度の基本給の上限・下限を、新制度の上限・下限に設定します。例えば、新4等級の下限であれば、現4等級の下限で設定します。

③現行制度の基本給の上限・下限の課題を踏まえて、新制度の上限・下限を設定

　このままでは現行制度と新制度の基本給の上限・下限に違いがないことから、自社の課題を踏まえて、新制度の上限・下限を調整していきます。例えば、

・現行制度では、順調に昇格すると30代前半に差しかかる頃には3等級となるが、当社の30代前半の賃金水準は統計値よりも低い

・現行制度の4等級は、管理職に昇進することができない従業員が長く滞留する等級でもあり、超過勤務手当により、5等級（課長相当）との賃金水準の逆転が頻繁に発生している

・現行制度の5等級、つまり課長相当の賃金水準は、統計値と比較しても遜色はなく、引き上げの必要性は感じていない

――といった状況や課題があったとします。

　これらを踏まえると、新3等級の下限は統計値を参照しながら引き上げ、4等級の上限は逆転を是正するために引き下げ、5等級の下限は超過勤務手当分引き上げることが考えられます。

第4章

どのように賃金制度の設計を進めるか

　デメリットとしては、現行制度に引きずられて抜本的な見直しがしにくいという点です。

　この方法での設計がなじみやすいのは、現行制度からの修正点を明確に説明することを重視するようなケースです。例えば、先ほど解説したとおり、管理監督者と非管理監督者間に適切な格差を設けたいといったケースとなります。

(3) モデル賃金カーブを踏まえて設計する方法

　設計方法としては、［図表4-7］のとおりです。

　この設計のメリットとしては、理想的な賃金カーブを前提とした設計がしやすいという点です。従業員や労働組合に対しても、等級制度の運用イメージも含めて説明ができますので、理解されやすいでしょう。

　デメリットとしては、昇格モデルが変われば基本給の設計も変わってしまうという点です。自社の定年年齢が60歳であれば、昇格モデルは期初年齢22～59歳までを1歳刻みで作成しますので、細かな修正が求められます。

　この方法での設計がなじみやすいのは、職能資格制度での賃金制度や非管理職の賃金制度です。職務等級では"年齢によって職務が変わっていく"というモデル賃金カーブの考え方そのものがなじみにくいでしょう。また、管理職についても、年齢や経験年数によって昇格するという考え方がなじみにくいので、同様のことがいえます。

　ここまで、三つの基本給の上限・下限の設計方法を解説してきました。実際の設計に当たってはそれぞれの特徴を踏まえて、自社の置かれた状

［図表4-7］モデル賃金カーブを踏まえて設計する方法

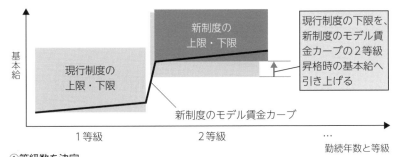

①**等級数を決定**

　等級数を決定します。このとき、現等級と新等級の対応関係も併せて整理しておきます。ここでは、解説の複雑さを回避するため、現行制度と新制度の等級数は同じとします。

②**新制度での昇格モデルを設計**

　労働組合や従業員に説明している現行制度の昇格モデルがあれば、そちらを利用します。もし、昇格モデルがない場合や現行の昇格モデルが実態に照らして乖離が大きいということであれば、新たに設計することになります。

　設計に当たっては、「等級×年齢」の人数分布表を作成しておきます。この年齢別等級の人数分布表を作成するとき、中途採用者は昇格のタイミングが新卒採用者と異なることがあるため、新卒採用者のみを対象とするとよいでしょう。

　こうして年齢別等級の人数分布表を作成したら、同一年齢内で最も人数の多い等級をハイライトしておきましょう。そうすると、自社においてどのように昇格を運用しているのかが分かりやすくなります。このような表を参考にしながら現行制度での昇格モデルを作成します。その上で、新制度での昇格モデルを作成します。

③**新制度での昇格モデルに合わせて、新制度でのモデル賃金カーブを作成**

　新制度の昇格モデルに合わせて、新制度でのモデル賃金カーブを作成します。この段階で新制度での定期昇給や昇格昇給を設計している場合は、そちらを織り込み、まだ固まっていない場合は、ひとまず現行制度の定期昇給や昇格昇給を前提として新制度での昇格モデルに当てはめ、新制度でのモデル賃金カーブを作成します。

④**新制度でのモデル賃金カーブを基に、各等級への昇格時の基本給を下限に設定**

　各等級に昇格したタイミングの基本給を各等級の下限に設定します。このようにすることで、設定した昇格モデルよりも早く昇格する場合には、昇格昇給額が大きく発生しやすくなり、早期昇格への意欲喚起効果が期待できる基本給の設計になります。

⑤**上限は、実在者の分布を踏まえて設定**

　上限は接続型とすることも考えられますが、この方法の場合では概して上限と下限の幅が狭くなりがちです。幅が狭いようであれば、下限からの在籍可能年数の観点で上限を設定するか、実在者の基本給の分布を踏まえて設定することとなり、結果的に重複型をとるケースも見られます。

況に応じて設計方法を選択、または組み合わせることが必要です。例えば、既に労働組合と「モデル賃金カーブを共有している」企業においては、少なくとも組合員の基本給設計に関しては、モデル賃金カーブを意識せざるを得ません。一方で、この企業において、業界比で部長の賃金水準が劣っている場合は、部長の水準について、ポリシーラインを設定し上限・下限を展開していくというような組み合わせ方法が考えられます。

[2]基本給の改定方法

　基本給の上限・下限が定まれば、次は基本給の改定方法を検討していきます。改定方法では、定期昇給と昇格昇給の2点を設計していきます。設計するに当たっては、「基本給の改定ポリシー」を決め、「定期昇給」と「昇格昇給」のそれぞれの具体的な方法や水準を検討していきます。

(1)基本給の改定ポリシー

　基本給の改定とは、「毎年の評価結果による基本給の昇給と降給＝定期昇給」と「昇降格時の基本給の昇給と降給＝昇格昇給」の二つのことを示します。

　定期昇給と昇格昇給を設計していく上では、定期昇給と昇格昇給のいずれを重視するかについてのポリシーを定めておきます。定めておくポリシーは、到達する基本給額が同じであれば、「①定期昇給を重視＝定期昇給額は大きいが昇格昇給額が小さい」のか、「②昇格昇給を重視＝定期昇給額は小さいが昇格昇給額が大きい」のか——のいずれかを選択するイメージです［図表4-8］。

　「②昇格昇給を重視」というケースであれば、昇格する人は数が限られるため、昇格しない人の昇給によるモチベーション維持・向上が相対的に見込みにくくなります。「①定期昇給を重視」となると、多くの人が昇給する一方で、昇格したときの喜びが少なく昇格への意欲が相対的に減退してしまう可能性は否めません。

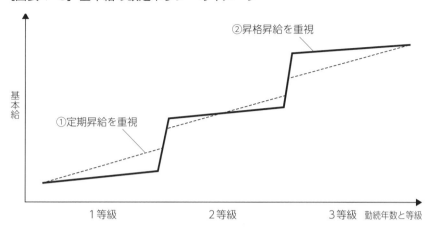

また、基本給の改定ポリシーの判断には昇格運用のポリシーも考慮する必要があります。昇格運用のポリシーが"次の昇格までに時間をかけて昇格者をじっくりと見極める"であれば、「①定期昇給を重視」という基本給の改定ポリシーと親和性があります。一方、"実力次第で次の昇格までに時間をかけずに昇格者を輩出する"であれば、基本給の改定ポリシーは「②昇格昇給を重視」との親和性が高いでしょう。

昇格運用で"次の昇格までに時間をかけて昇格者をじっくりと見極める"というポリシーの場合、同一等級に長くとどまることが想定されます。長くとどまる間に定期昇給額が小さいと、モチベーションの維持・向上に差し支えるでしょう。そのため、一定以上の定期昇給を確保する必要があります。

一方、昇格運用で"実力次第で次の昇格までに時間をかけずに昇格者を輩出する"ポリシーの場合は、本人の実力次第で早期に昇格が可能です。短い期間であれば、定期昇給額が小さくとも昇格によって高昇給となるチャンスが巡ってくるので、モチベーションの維持・向上に差し支えが出にくいでしょう。

基本給の改定ポリシーの判断に当たっては、昇格運用ポリシー等も踏

まえながら、自社の持つ課題に応じて「①定期昇給」「②昇格昇給」のいずれを重視していくのかを検討していくとよいでしょう。

(2) 定期昇給方法の選択の考え方

　定期昇給に関しては、幾つかある「定期昇給方法の選択の考え方」を整理した後に、それぞれの「定期昇給方法の具体的な設計手順」と「定期昇給水準の考え方」を解説していきます。

　定期昇給の方法は、「昇給額テーブル方式」「段階号俸表」「複数賃率表」「シングルレートの洗い替え」が代表的なものであり、それぞれ第2章で解説した特長を踏まえて、基本給の定期昇給の方法を選択するとよいでしょう。特長とそれぞれの定期昇給の方法を選択する主たる狙いは、[図表4-9] のとおりに整理できます。

　この整理なども踏まえつつ、各方式のうちいずれを選択すべきかを解説します。

　シングルレートの洗い替えは、定期昇給しないことが前提となり、基本給の低い下位等級には適用しにくいので、下位等級に向いているのは昇給額テーブル方式、段階号俸表、複数賃率表のいずれかになります。

[図表4-9] 定期昇給の方法と特長・主たる狙い

方法	特長	主たる狙い
昇給額テーブル方式	業績などに応じて、毎年の昇給額を変えやすい	昇給原資の柔軟化
段階号俸表	従業員自身が、等級内の基本給の上限・下限に対してどの位置に自分がいるのか分かりやすい	従業員へ等級内の位置づけの明示
複数賃率表	毎年昇号しながら、当年度は低評価であっても次年度の評価によって挽回可能	キャリア早期でのモチベーションダウンの回避
シングルレートの洗い替え	当年度は低評価であっても、次年度の評価によって挽回可能 ※厳密には、定期昇給はしない仕組みであるが、便宜上こちらで解説	成果と基本給の連動強化

複数賃率表を適用する場合は、新卒採用を主たる採用チャネルとし、かつベンチマークしている他社と比べて賃金水準が優位である場合が適しているでしょう。先にも述べたとおり、複数賃率表は、毎年昇号しつつ、当年度は低評価であっても、次年度の評価によって挽回が可能な仕組みです。そのため、新卒採用のように、一緒に上がっていく母集団がある場合に向く方法です。一方で、優秀者が連続して高評価を取得しても、低評価の人材との格差が広がらない方法でもあります。そのため、ベンチマークしている他社と比べて賃金水準が優位でないと、優秀者に逃げられてしまう可能性が高まることが考えられます。

　続いて、昇給額テーブル方式か段階号俸表かですが、基本的に従業員や労働組合から求められていない限りは、定期昇給の額を業績などに応じて調整しやすい昇給額テーブル方式としておくのがよいでしょう。厳密には段階号俸表においても、昇号俸数を調整することで、業績などに応じて毎年昇給額が調整可能ではありますが、号俸間の金額が一定額となるため、調整に限界があります。

　これらの解説も参考としながら、基本給の定期昇給の方法を昇給額テーブル方式、段階号俸表、複数賃率表、シングルレートの洗い替えのいずれとするか、検討するとよいでしょう。

(3)定期昇給方法の具体的な設計手順

　ここからは、それぞれの昇給方法別に昇給テーブルの設計方法を解説します。設計に関しては、基本給の上限・下限と同様に、等級数が1〜7等級の7段階のケースを共通して想定し、解説していきます。等級と役職の対応関係も同様です。

❶昇給額テーブル方式の設計方法

　定期昇給方法の具体的な設計手順を、「昇給額テーブル方式」から順に解説していきます。「昇給額テーブル方式」の手順としては、[図表4-10]のとおりとなります。

　注意点としては、最高評価の額を高め過ぎると同一等級内での基本

[図表4-10] 昇給額テーブル方式の昇給の水準設計例

—円—

等級	S 150%	A 125%	B 100%	C 75%	D 50%
4等級以上	〈略〉				
3等級	7,500	6,250	5,000	3,750	2,500
2等級	7,050	5,875	4,700	3,525	2,350
1等級	5,550	4,625	3,700	2,775	1,850

①標準評価での昇給額を設定

　等級別の標準評価での昇給額は、統計値や課題などを踏まえて設定します。統計値でいえば、労務行政研究所「2023年度モデル賃金・賞与実態調査」によると、この10年間の定期昇給の値はおおむね5000円前後で推移しています。このことを踏まえて、各等級に展開していきます。例えば、独力で業務を遂行できるような等級が3等級だとすれば、世間での標準的な昇給額を確保する意味で3等級を5000円としておきます。

　続いて、他の等級への展開では、基本給の格差を利用するとよいでしょう。3等級の基本給が30万円前後、2等級が26万円前後、1等級が22万円前後であれば、3等級を1.0としたときに、2等級は約0.87、1等級は約0.73です。この指数を3等級の5000円に乗じて、2等級は4400円、1等級は3700円（それぞれ10円単位を切り上げ処理）とするなど展開していきます。

　その上で、自社の課題を踏まえて標準評価での昇給額を調整していきます。例えば、1等級の従業員の賃金額を理由にした退職が懸念されるというときには3700円ではなく4200円にするという検討をしていきます。

　このとき、標準評価での昇給額を引き上げるに当たっては、等級の人数分布についても注意が必要です。例えば、ある等級に人数が集中していたときにその等級の標準評価での昇給額を引き上げると、想定以上に昇給原資が大きく引き上がる可能性があります。

②評価格差（%）を設定

　評価格差を設定します。労務行政研究所「2017年度モデル賃金・賞与実態調査」によると、担当者クラス（入社5年目程度）では最高評価時には標準評価比で157.5%となる一方で、最低評価時には標準評価比で41.9%となっています。これを踏まえて、評価格差は最高評価では150%、最低評価では50%として設定します。

③標準評価での昇給額と評価格差を掛け合わせて、各評価の金額を設定

　標準評価での昇給額と評価格差を踏まえて各等級別・評価別の昇給テーブルを設定します。

給の上限に早く到達し、頭打ちになることです。最高評価を取得するような従業員には基本給の上限に頭打ちになる前に昇格できる仕組み

を設けていないと、昇給額のメリハリをつけることでかえってモチベーションダウンを招きかねませんので注意してください。

❷段階号俸表の設計方法

段階号俸表の設計方法は、基本的には昇給額テーブル方式［**図表4-10**］の③までは同様です。［**図表4-11**］では、昇給額テーブル方式の③まで作成した前提で、以降の段階号俸表の設計方法を解説します。

注意点としては、号俸間の額を一定に定める必要があるため、号俸間の金額が大きいほど細かな調整が難しくなります。［**図表4-11**］においては500円単位で号俸間の金額を設定していますので、昇給額テーブル方式で設定できた3等級A評価の6250円という昇給額を設定することができません。

［図表4-11］段階号俸表の昇給の水準設計例

【昇給額テーブル】 —円—

等級	S	A	B	C	D
	150%	125%	100%	75%	50%
4等級以上	〈略〉				
3等級	7,500	6,250	5,000	3,750	2,500
2等級	7,050	5,875	4,700	3,525	2,350
1等級	5,550	4,625	3,700	2,775	1,850

号俸間を500円とした場合

【新号俸テーブル】（3等級をピックアップ）

	S	A	B	C	D
3等級	15	13	10	8	5

（①〜③は［**図表4-10**］参照）

④号俸間の額を決め、昇号俸数を決定する

先ほどの昇給額テーブル方式の設計方法では、3等級を最高評価時7500円、標準評価時5000円、最低評価時2500円としていました。号俸間の額を例えば500円とすると、標準評価時は10号俸進むということになります。一方、最高評価時は15号俸進み、最低評価では5号俸となります。

また、新しい制度に移行するときには、従業員はいずれかの号俸の額になりますので、号俸間の金額が大きいほど費用もその分必要になります。

❸複数賃率表の設計方法

複数賃率表については、[図表4-12] のとおりとなります。

注意点としては、1号俸前のS評価の額は、該当号俸のB評価の額に対して同額以下としておかないと、S評価を取った翌年は高い確率で基本給の額が下がるということになってしまう点です。

❹シングルレートの洗い替えの設計方法

シングルレートの洗い替えについては、[図表4-13] のとおりとなります。

[図表4-12] 複数賃率表の水準設計例

―円―

号俸	S	A	B	C	D	号俸間の差
1	－	－	300,000	－	－	－
2	310,000	307,500	305,000	302,500	300,000	5,000
3	315,000	312,500	310,000	307,500	305,000	5,000
4	320,000	317,500	315,000	312,500	310,000	5,000
5	325,000	322,500	320,000	317,500	315,000	5,000
6	330,000	327,500	325,000	322,500	320,000	5,000
7	335,000	332,500	330,000	327,500	325,000	5,000

①標準評価（1号俸昇号時）での昇給額を設定

例えば、3等級の号俸間の差を5000円として1号俸から2号俸に進むとき、B評価の場合は5000円の昇給とします。複数賃率表では、必ず1号俸進みます。

②評価格差を設定し、各号俸に展開

評価格差を設定します。ここで、S評価時には一つ先の号俸のB評価の金額を設定し、D評価時には一つ前の号俸のB評価の金額とします。A評価はS評価とB評価の間の額、C評価はB評価とD評価の間の額とします。

出発点を30万円とすれば、翌年1号俸進みますので、B評価を取れば30万5000円となりますが、D評価を取れば、1号俸進んだ上で30万円のままです。ですが、D評価を取った従業員が翌年にS評価を取れば、3号俸の31万5000円となります。

―円―

等級	S	A	B	C	D	評価間の格差
7 等級	700,000	675,000	650,000	625,000	600,000	25,000
6 等級	600,000	575,000	550,000	525,000	500,000	25,000
5 等級	500,000	475,000	450,000	425,000	400,000	25,000

①設定している基本給の上限・下限を評価数で割る

　例えば、7等級の基本給の上限を70万円、下限を60万円とした場合、評価の段階数がS・A・B・C・Dの5段階とすると、5等分に均等割りします。

②金額を調整

　上記の例であれば、評価間の格差が2万5000円になります。年間として12カ月となると30万円となります。前年度の評価がS評価で、当年度の評価がB評価となる場合は、60万円となります。このとき格差が大き過ぎて評価者が正しく評価をつけられず、評価がゆがんでしまうなどの問題が想定される場合は、金額を調整します。

　注意点としては、上位等級のB評価の基本給を下位等級のS評価以上の額で設定しておかなければ、S評価を取得する優秀者にとって、責任が重くなる上位等級よりも現在の等級で頑張ったほうが得と感じさせかねないことです。もちろん、下位等級であっても極めて大きな成果を挙げているのだから、上位等級のB評価の金額を上回っても問題ない――という考え方もありますが、こうした意図がないのであれば、下位等級のS評価の基本給は上位等級のB評価以下の額で設定しておくほうがよいでしょう。

(4)定期昇給水準の考え方

　標準評価での昇給額を決めることができたら、(3)で解説したとおり評価格差を設定すれば、高評価と低評価の昇給額を決めることができます。そのため、定期昇給水準の考え方に関しては、標準評価での昇給額を中心に解説していきます。

　定期昇給水準は、「新制度でのポリシーや課題」「現行制度での昇給額」「世間での定期昇給水準」を踏まえて設定するとよいでしょう。

①新制度でのポリシーや課題の確認

　初めに、新制度でのポリシーを定期昇給水準にどのように織り込んでいくかを検討します。一般的には、上位等級ほど標準評価の昇給額が大きくなっていきます。これは「上位等級ほど会社業績への貢献が大きい」からですが、上位等級への昇格を目指すインセンティブを高める狙いと理解してもよいでしょう。

　しかし、上位等級へのインセンティブは、毎年の定期昇給だけでなく、昇格時の昇給や賞与でも高めることができます。上位等級、特に管理職以上に関しては、新制度のポリシーが「仕事に応じた賃金」となることも考えられます。そのように考えると、例えば、昨年と同じ「部長」の仕事をしていても標準評価で昇給する、ということがなじまない可能性もあります。なじまないようであれば「上位等級ほど定期昇給水準は高いもの」という考えにとらわれずに、管理職は「仕事に応じた賃金」の意味合いを強めるために定期昇給をやめて「シングルレートの洗い替え」とする方法や、もう少しマイルドな方法として「標準評価での昇給水準は低くし、高評価の昇給水準を高める」といったことも考えられます。

　レンジレートで定期昇給を続けていると、長い期間昇格せずに、同一等級内の基本給水準の高いゾーンに到達する従業員が発生します。同一等級の下位の基本給水準の従業員と同一評価で同一昇給額となるのも違和感があるかもしれません。そうした場合は、「同一等級内の昇給水準は同一」という考えにとらわれずに、「同一等級内であっても基本給水準に応じて昇給水準を調整する」ということも考えられます。このように自社のポリシーを定期昇給に織り込んでいきます［図表4-14］。

②現行制度での昇給額の確認

　続いて、現行制度での昇給額を確認します。新制度でのポリシーや現状の課題、世間での定期昇給水準のいかんにかかわらず、標準評価

［図表4-14］同一等級内での基本給水準に応じた昇給水準の調整イメージ

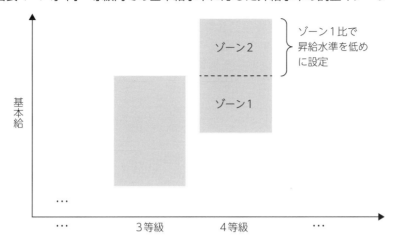

の昇給額、特に基本給の水準自体が低い下位等級の標準評価の昇給額を引き下げることは、慎重に行う必要があります。現状の支給水準等を踏まえ、従業員や労働組合に対し一貫したストーリーで説明できる定期昇給額にする、という観点も重要です。

③世間での定期昇給水準の確認

その上で、「世間での定期昇給水準」とも照らして昇給水準を調整していきます。統計調査は、労務行政研究所「モデル賃金・賞与実態調査」、厚生労働省「民間主要企業春季賃上げ要求・妥結状況調査」、経団連「春季労使交渉・大手企業業種別妥結結果」等を活用して比較するとよいでしょう。統計調査ごとに昇給に含まれる賃金項目や昇給方法が異なるので、比較に当たっては注意してください。

統計調査との比較により自社の定期昇給水準の高低を確認できますが、仮に自社が低い場合であっても、即座に引き上げを図ろうとするのは早計です。というのも (1)の基本給の改定ポリシーで検討した「①定期昇給を重視」「②昇格昇給を重視」のいずれを採用するかによって自社の定期昇給の水準は異なってくるからです。

例えば、自社のポリシーを「②昇格昇給を重視」としている場合、基本給を中心とした賃金水準が世間と比較して低くなければ、"定期昇給水準が世間と比較して低い"ということを大きく問題視しなくてもよいでしょう。定期昇給水準だけを捉えずに、総合的に判断していくことが重要です。

　自社の定期昇給水準が高い場合についても総合的に判断することが重要です。(1)の基本給の改定ポリシーにて「①定期昇給を重視」としている場合は、世間と比較して定期昇給水準が高くても、基本給を中心とした賃金水準が世間と比較して低ければ、現在よりも定期昇給の水準を引き上げることが必要かもしれません。

　また、世間水準との比較に際しては、自社における等級別の基本給の改定ポリシーも考慮しなくてはなりません。例えば、

・下位等級は、生計費も考慮の上、能力に応じた基本給へ改定する（＝①定期昇給を重視）
・上位等級は、担う役割に応じて基本給を改定する（＝②昇格昇給を重視）

――としていた場合、上位等級に関しては、定期昇給が世間水準との比較で自社が低めであったとしても、十分な昇格昇給額を設定できれば問題ないと判断できることもあります。

　いずれにせよ、定期昇給は世間との比較だけで検討せず、「基本給の改定ポリシー」「現状の課題」なども踏まえて、総合的に判断して設計していくことが重要です。

[3]昇格昇給の設定方法

　昇格昇給は、「下限に飛びつかせる方法」「昇格時に昇給額を設定する方法」「等級に応じた手当を設定する方法」があります [図表4-15]。

(1)下限に飛びつかせる方法

　下限に飛びつかせる方法は、昇格が早ければ早いほど昇格昇給額が大

[図表4-15] 昇格昇給の設定方法

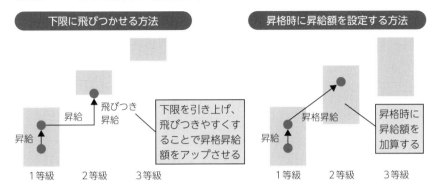

下限に飛びつかせる方法	昇格時に昇給額を設定する方法

飛びつき昇給
昇給
昇給
1等級　2等級　3等級

下限を引き上げ、飛びつきやすくすることで昇格昇給額をアップさせる

昇格昇給
昇給
1等級　2等級　3等級

昇格時に昇給額を加算する

等級に応じた手当を設定する方法

—円—

等級	支給額
1等級	0
2等級	10,000
3等級	20,000
4等級	30,000
…	…

きくなる特徴があります。例えば、昇格後の下限が30万円で、昇格前の基本給が29万円だったとき、昇格によって30万円に飛びつきますので1万円の昇格昇給額になります。しかし、昇格前の基本給が28万円だった場合は、昇格によって30万円に飛びつきますので2万円の昇格昇給額になります。

　このように、昇格が早ければ早いほど昇格昇給額が大きくなる特徴があり、優秀者にとって、よりインセンティブが高い仕組みとなります。しかしながら、この仕組みは、現在の基本給が昇格後の下限に近づいている、または超えてしまっている従業員にとっては昇格への意欲を喚起しにくい仕組みといえます。

(2)昇格時に昇給額を設定する方法や等級に応じた手当を設定する方法

　そのため、「昇格時に昇給額を設定する方法」や「等級に応じた手当を設定する方法」のように、昇格すれば一定額を基本給に上乗せするという方法も取られます。「昇格時に昇給額を設定する方法」で解説すると、昇格後の下限が30万円で、昇格前の基本給が29万円だったとき、昇格昇給額は2万円として、昇格後の基本給は31万円にするということです。この方法は、早く昇格しても遅く昇格しても同じ昇格昇給額を得ることができますので、相対的には早く昇格する意欲にはつながりにくい仕組みといえることが注意点です。

　基本給の改定ポリシー、定期昇給、昇格昇給の考え方や具体的な設計方法を解説してきました。特に、分かりやすさの観点から、定期昇給や昇格昇給といった基本給の機能ごとに解説をしてきました。

　しかしながら、実際の設計においては、定期昇給や昇格昇給をそれぞれ設計した後、想定していたような基本給水準を確保できずに調整したり、定期昇給を再設計する等、何度か行き来しながら設計していくのが通常です。一度の設計で決め切ろうとするのではなく試行錯誤しながら進めていく心構えが重要です。

4　基本給の設計（職務給）

　職務給は、職務価値に応じてグレードを決定し、グレードに応じて職務給を決定します。職務給表は、見た目としてはいたってシンプルです。職務価値に応じたグレードが多段階あり、金額がひも付いているだけです［図表4-16］。

　ただし、この職務給のグレードと金額の対応表を作成し機能させるためには、いくつか決めなくてはならないことがあります。主たる点は、

[図表4-16] 職務給表の例

−円−

ジョブグレード	職務給
…	…
20	780,000
19	750,000
18	720,000
17	690,000
16	660,000
7	390,000
6	360,000
5	330,000
4	300,000
3	270,000
2	240,000
1	200,000

「グレードの決定方法」「グレード数」「グレードにひも付ける職務価値（点数)」「グレードにひも付ける金額」です。

[1]グレードの決定方法

グレードの決定に当たっては、ポジションや職務に対して職務評価を行うとよいでしょう。この職務評価には、単純比較法や分類法、要素比較法、要素別点数法といった方法があります [図表4-17]。

これらのうち要素別点数法が、作業負担は相応にあるものの納得感を得られやすく、運用後のポジションや職務の追加にも対応しやすい方法です。そのため、本格的に職務給を導入していくのであれば要素別点数法による職務評価を実施するとよいでしょう。要素別点数法での職務評価を実施するに当たっては、職務の構成要素を洗い出し、基準を作成して、自社独自の職務評価ツールを作成する方法もありますが、コンサルティングファーム各社が職務評価ツールを提供していますので、そちらを利用するのもよいでしょう。

方法	内容
単純比較法	社内の職務を1対1で比較し、職務の大きさが同じか、あるいは、異なるかを評価します。 比較の際に、職務を細かく分解せず、全体として捉えて比較します。
分類法	社内で基準となる職務を選び、詳細な職務分析を行った上で、それを基に「職務レベル定義書」を作ります。 「職務レベル定義書」に照らし合わせ、全体として、最も合致する定義はどのレベルかを判断し、職務の大きさを評価します。
要素比較法	あらかじめ定めておいた職務の構成要素別に、レベルの内容を定義します。職務を要素別に分解し、最も合致する定義はどのレベルかを判断することにより、職務の大きさを評価します。 分類法のように、職務全体として判断するよりも、客観的な評価が可能です。
要素別点数法	要素比較法と同様に、職務の大きさを、構成要素別に、評価する方法です。評価結果を、要素比較法のようにレベルの違いで表すのではなく、ポイント数の違いで表すのが特徴です。 要素別に、レベルに応じたポイント数を付け、その総計ポイントで職務の大きさを評価します。

資料出所：厚生労働省ホームページ「多様な働き方の実現応援サイト」より抜粋

　要素別点数法での職務評価のツールに関しては、以下のとおり『人材を活かす 等級制度の基本書』から抜粋して解説します。

　　職務評価ツールは、コンサルティングファーム各社が独自のソリューションサービスを提供していますが、筆者が所属する三菱UFJリサーチ＆コンサルティング（MURC）では、[図表]のような枠組みで職務評価を実施しています。

　　具体的には、職務の構成要素を「インプット評価」「プロセス評価」「アウトプット評価」の3要素に区分した上で、九つの評価基準で職務の価値を点数化する仕組みです。それぞれの評価基準は段階的な尺度が定義されており、例えば「専門性」について、自社の営業部長のポジションであれば「レベル5」、研究開発部長であれば「レベル7」というように、それぞれのポジションの専門性の高さ

を尺度に当てはめて判定します。すべての評価基準のレベルが判定されたら、所定の計算方法でスコアが算出され、最終的にはすべてのポジションについての職務価値が明らかになります。

[図表] 要素別点数法の職務評価の例

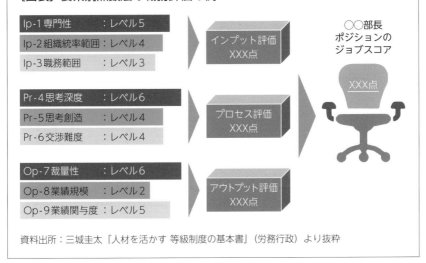

資料出所：三城圭太『人材を活かす 等級制度の基本書』（労務行政）より抜粋

　上記のとおり、職務価値のスコア（点数）を算出したら、グレード数を決め、グレードとスコア（点数）の対応関係を決定します。

[2]グレード数

　職務等級数（グレード数）は、一般的には役割等級制度や職能資格制度の等級数より多くなる傾向にあります。これは、役割等級との対比でいえば理解しやすいと思います。

　役割等級制度の場合、例えば部長であれば、「部長」という役割でくくられるため同じ等級に格付けられることが多いです。また、等級定義を言葉遊びにならないように書き下ろしていくには、等級数を増やすのに限界もあります。しかし、先ほどのとおり要素別点数法を使い、職務価値を点数化して点数と等級の対応関係を整理すれば、等級数が多くとも、等級間の差はあいまいな言葉の差ではなく、点数の差で整理できま

す。こうしたことから、職務等級数（グレード数）は、役割等級制度や職能資格制度の等級数よりは多くすることができます。

とはいえ、等級数を分け過ぎると、人事異動等によりポジションが変更になったときに頻繁に職務給が変わってしまいます。そもそも職務給を支給する以上、“会社起点での人事異動”を前提とした人材マネジメントからの転換が望まれますが、現実問題として「職務と賃金の連動性を高めるため職務給を導入するが、人材配置の都合上、異動があることを前提に賃金制度の設計をしなくてはならない」というようなケースも想定されます。このような場合は、一定程度大ぐくりとして、職務価値が異なる職務であっても同じグレードに収まるようにし、人事異動の運用に支障を来さないようにするといった工夫も必要でしょう。

[3]グレードにひも付ける職務価値（点数）

グレード数が固まれば、職務評価で算出した点数をグレードにひも付けていきます。例えば、1点～200点は1グレード、201点～400点は2グレードというように点数をグレードにひも付けた結果、同じ部長であっても、営業部長は15グレード、マーケティング部長は16グレードとなり、職務給水準が異なることになります。

グレード数でも述べましたが、点数とグレードを結び付けた結果、人事異動の運用等に支障を来すようであれば、点数とグレードの対応関係を整理する、もしくはグレードを大ぐくりとするといった調整を行いましょう。

[4]グレードにひも付ける金額

グレードにひも付ける金額に関しては、大きく二つの考え方があります。「職務価値にひも付いた外部賃金水準を参考にして職務給を設計する」か、「現在の賃金水準を出発点として職務給を設計する」かです。

(1) 職務価値にひも付いた外部賃金水準を参考にして職務給を設計する

　職務価値にひも付いた外部賃金水準を参照する場合、コンサルティングファームによっては、職務価値にひも付いた他企業の集計額を提供していることもありますので、そちらを利用してみるのもよいでしょう。

　この考え方のメリットとしては、まさに市場価値に合わせた賃金にできることです。職務主義を通じてグローバルでの展開を見据える場合や、採用競争力を高める場合は適しているでしょう。

　一方、デメリットとしては、往々にして、現在の賃金水準との差額が大きく、場合によっては自社の職務給が現実的でない設計になることがあるので、この点には注意が必要です。また、職務価値にひも付いた他企業の集計額を利用する場合、職務評価の基準を自社用にアレンジし過ぎると、他の企業と職務価値にひも付いた金額を比較することが困難になることも考えられます。

(2) 現在の賃金水準を出発点として職務給を設計する

　現在の賃金水準を出発点として職務給を設計する場合は、(1)の場合のメリットとデメリットが裏返しになります。

　この考え方のメリットとしては、自社の賃金水準に合わせて新制度の賃金設計ができるため、現行制度と新制度の差額を小さくすることも可能です。結果的に、賃金設計や新制度への移行に対する作業工数も過大にはなりにくい傾向にあります。また、職務評価の基準を、自社にフィットする基準に一定程度アレンジすることができます。こうしたメリットを踏まえると、現在の職務に応じた賃金となっておらず、そのことから生じる企業内での不満を解消するといった場合に適しているでしょう。

　一方、デメリットとしては、採用競争力の向上には寄与しにくいため、ここに課題感がある場合は別の方策を検討する必要があります。

　こうしたメリット・デメリットを比較しながら、「職務価値にひも付いた外部賃金水準を参考にして職務給を設計する」か「現在の賃金水準

を出発点として職務給を設計する」のいずれとするのかを判断するとよいでしょう。

[5]グレードへの従業員の当てはめ

こうしてグレードにひも付く職務給を設定したら、グレードにその職務を担う従業員を当てはめます。当てはめた上で、縦軸に現行制度の基本給、横軸に新制度の職務給を設定した散布図を作成します。

作成した散布図を見ると、基本的には左下から右上にプロットが並んでいるかと思います。左下から右上に並んでいるプロットの傾向線を引くと、従業員によっては傾向線よりも上や下に分布しているかと思います。上に分布している従業員は、現在担う職務に照らして基本給水準が高い人になります。一方で下に分布している従業員は、担う職務に照らして基本給水準が低い人になります。

下に分布している従業員は新制度で賃金が引き上がり、上に分布している従業員は新制度では減額となる——ということです［図表4-18］。

［図表4-18］現行制度の基本給と新制度の職務給の散布図

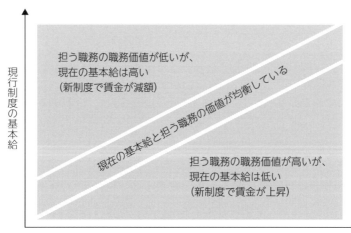

この散布図は、経営層に対して職務給の必要性を訴求する材料にもなりますので、作成しておくとよいでしょう。

ただし、賃金の減額は労働条件の不利益変更となります。不利益変更の進め方や考え方については後述します。

5　基本給の設計（設計に際するＱ＆Ａ）

基本給は、賃金構成上最も多くの割合を占めます。そのため、設計に際してさまざまな疑問が生じます。本項では、ここまでで解説できなかった点について、いずれも実際のコンサルティングの場面で出てきた質問を基にＱ＆Ａ方式で解説します。

[1]基本給の構成

> Ｑ１　基本給は、職能給、役割給、職務給の一つを選択しなくてはならないのでしょうか？
>
> Ａ　基本給は、一つの性質とせず、例えば「職能給＋職務給」など複数の性質を組み合わせることも可能です。

基本給の性質は等級に応じて決定します。人事制度改定の狙いによっては、等級制度が職能資格と職務等級の"ダブルラダー"で設計するケースがあります。この場合、職能資格に応じた「職能給」と職務等級に応じた「職務給」を支給することになります。

このときの狙いですが、簡単に言うと"「職能給」と「職務給」のいいとこ取りをしたいため"となります。「職能給」のよいところは職務変更に伴い職能給を変更する必要がなく「安定」している点です。「職務給」のよいところは、職務変更に伴ってすぐに職務給を引き上げることができるため、貢献に応じた処遇を行うことが即時に可能な点です。

職務給の導入により、企業としては職務価値の高い職務を担う従業員を高賃金としたい一方で、従業員によっては"狙いは分かるが、今後の職務変更に伴い賃金が下がるのは困る"との意見が出てくる場合があります。「職能給」と「職務給」のダブルラダーにしておけば、職能給による「安定」と職務給による「貢献に応じた処遇の即時反映」が両立できます。

　このように述べるといいことずくめのように聞こえますが、職能資格と職務等級の両方を運用していくことになりますので、当然運用の負担は相応に高くなることが見込まれます。運用の負担も考慮して判断するとよいでしょう。

[2] 等級と基本給の関係

> Q2　等級数が少ないときと多いときで、基本給設計にどのような影響があるのでしょうか？
>
> A　初任給水準と最上位等級の上限水準が同じという前提でいえば、「基本給の上限・下限の幅」「定期昇給」「昇格昇給」に影響が出ます。

　基本給の上限・下限設計を接続型とした場合、等級数の違いによる基本給設計の違いは、総じて次のとおりとなります。

	等級数が少ない	等級数が多い
基本給の上限・下限の幅	広い	狭い
定期昇給	高く設計することが可能（低く設計することもある）	低めに設計することが多くなる
昇格昇給	高く設計しやすい	低めに設計することが多くなる

　基本給の上限・下限の幅に関しては、等級数が少ないとそれだけ広く設計できます。ただし、等級数が多い場合、接続型の基本給設計にこだ

わらずに、上限を伸ばして重複型とするケースも多く見られます。幅が狭い状態で一定以上の定期昇給額を確保しようとなると、早い段階で基本給の上限に到達してしまうからです。

定期昇給に関しては、等級数が少ないと上限・下限の幅が広くなることから、1年当たりの昇給額を大きくしても、上限への頭打ちまでの年数を長めに確保することができます。一方で、等級数が多いと基本給の上限・下限の幅が狭くなり、1年当たりの定期昇給額を高くすると上限への到達が早くなりますので、定期昇給額は低めで設計することになります。ただし、先にも述べたとおり、上限を伸ばして重複型とする場合においては、定期昇給額を一定以上確保することが可能です。

昇格昇給に関しては、等級数が少ない場合、次の等級の下限までの幅も大きくなるので、昇格昇給額も大きくなる傾向にあります。一方で、等級数が多い場合、次の等級の下限までの幅が狭くなるので、昇格昇給額も小さくなる傾向にあります。

> Q3　管理職への昇格早期化のため、非管理職について5階層あった等級を一部統合し、4階層としたいのですが、等級統合時の基本給設計の注意点は何でしょうか？
>
> A　統合する等級の統合前の昇格難易度を踏まえた統合をしないと、想定外の人件費の上昇を招きかねません。

極端な例ですが、[図表4-19]のような人数分布の等級を統合して基本給設計をした場合、将来的に人件費が旧制度と比較して必要以上に上昇することが想定されます。

統合前の旧4等級が50名いたのに対して、旧5等級は10名しかおらず、旧制度の昇格ハードルを旧4等級→旧5等級で厳しくしていました。ところが、統合後は旧4等級と旧5等級を統合し、新4等級60名としています。このようにすると、統合前の旧4等級は、新制度では旧5等級

[図表4-19] 等級統合時の注意点イメージ

旧制度		新制度	
等級	人数	等級	人数
…	…	…	…
…	…	…	…
5等級	10名	4等級	60名
4等級	50名		
3等級	50名	3等級	50名
2等級	50名	2等級	50名
1等級	50名	1等級	50名

旧制度における4等級の50名が、昇格審査なしで旧5等級並みの基本給水準まで上昇してしまう

相当まで昇給することができるようになるため、想定外の人件費上昇につながりかねません。

　そのため、等級の統合に当たっては、等級定義のほか、昇格要件や昇格率も確認し判断する必要があります。このケースでいえば、旧3等級と旧4等級など昇格ハードルが高くない等級同士を統合する場合は、人件費への影響は小さいと考えられます。

[3]総合職と一般職の基本給の設計

> Q4　総合職と一般職の賃金水準の差をどのように設計すべきでしょうか？
>
> A　職務の内容、職務の内容・配置の変更の範囲、昇格の範囲を踏まえて、設計するとよいでしょう。

　一般的には、一般職は総合職と比べて、職務の内容や職務の内容・配置の変更の範囲、昇格の範囲が限定的であると整理されているケースが多く、これらの差が賃金水準の差として表れているということを前提に設計します。その結果、一般職と総合職が同格相当の等級の場合、賃金水準としては、総合職を100%としておおむね80%～90%としている事

[図表4-20] 総合職と一般職の職務の内容等の違いの例

		総合職	一般職
職務の内容		基幹業務	庶務業務
職務の内容・配置の変更の範囲	転居転勤の有無	あり（全国）	なし
	職務の変更の可能性	あり（無限定）	なし もしくは限定的
昇格の範囲		管理職登用あり	管理職登用なし

例が多いようです [図表4-20]。

　このように差を整理して、もし総合職と一般職に特に職務の内容面で差がないということであれば、総合職への一本化や地域限定の総合職の設置など、多様な従業員の活躍を一層支援していくことも考えられます。

[4] 評価に応じた基本給水準の調整

> Q5　接続型で基本給を設計しています。評価により降給も想定しているのですが、下限付近の従業員はこれ以上、基本給が下がることがないため、緊張感を保てないと考えています。健全な緊張感を生む、よい仕組みはないでしょうか？
>
> A　等級別の基本給の下限を下げ、重複型の設計とした上で、これまでの下限を昇格基準額として設定する方法が考えられます。

　質問のとおり、基本給の下限の従業員は、それ以上降給することができません。複数年にわたり低評価であれば降格も検討できますが、接続型や階差型の場合、降格となると基本給が下がり対外呼称も変更になることがありモチベーションにも大きく関わるので、人事としては慎重にならざるを得ません。ただ、降格が現実的に実施されないとなると、下限付近の従業員は基本給がこれ以上は下がらないことから、緊張感を保ちにくくなります。

[図表4-21] 下限の引き下げと昇格基準額の設定

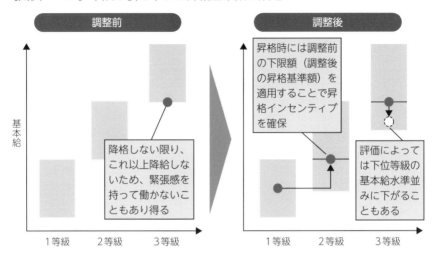

そうならないために、等級別の基本給の下限を下げ、重複型の設計とした上で、これまでの下限を昇格基準額として設定する方法が考えられます。後から昇格してくる昇格者については、昇格基準額が昇格直後の基本給水準となり、これまでの水準を保つことができます。昇格してからも、評価によっては下位等級並みの基本給水準となり得るため、昇格後も緊張感を持って働くことができます［図表4-21］。

[5]専門職の賃金設計

Q6　専門職の賃金水準をどのように設定するべきでしょうか？

A　専門職の位置づけを整理し、マネジメント職の等級と比較したときの昇格の上限を検討した上で、同格であるマネジメント職と同等水準の基本給を出発点に外部水準などを踏まえて検討するとよいでしょう。

専門職を設置する目的は、専門家を処遇することにありますが、企業によって処遇したい専門家の性質は異なります。この性質に応じて専門

職の賃金設計は異なってきます。

　例えば、これまでマネジメント職を中心とした等級制度を運用してきて、マネジメント職にならない限り昇格できないという課題がある企業が新たに専門職を設置する場合、その目的は「マネジメント業務はできないが、担当業務領域では専門性を発揮する従業員を処遇するため」となるでしょう。いわば、ベテラン従業員を想定した処遇になります。ベテラン従業員ですので、例えば、マネジメント職コースでいう課長相当の等級までの昇格はあっても、部長相当までの昇格は想定しないとすれば、その賃金水準は、組織の業績やマネジメントの責任がない分、専門職コースのほうが低くても違和感はありません。なお、マネジメント業務はせずとも、「マネジメント以上に専門領域での活躍を期待するので同水準で設定する」といった考え方もできます。

　一方、「自社の事業領域で強化したいケイパビリティ獲得のため、社外から採用することを念頭に専門職を設置」するケースであれば、その専門家が身を置いている業界の水準を意識して、基本給水準を設定する必要があるでしょう。

　このように検討していくと、結果的には自社の部長相当以上の処遇ができる枠組みを用意しておく必要がある場合が多く見られます。

> **Q7　専門職の基本給の改定をどのように設計するとよいでしょうか?**
>
> A　専門職がその専門領域で明確なミッションを担うような場合、シングルレートの洗い替えのほうが、親和性が高いことがあります。

　専門職に関しては、一般社員と比較して、職務価値、役割、能力の高さ等に基づき賃金水準が高いことが一般的です。また、こうした位置づけの違いを賃金改定の方法にも反映させるために、昇給が毎年積み上がっていく方式ではなく、シングルレートの洗い替えを採用することが

あります。これにより専門職に与えられたミッションとその達成度に応じた賃金とすることが可能となります。

[6] 管理監督者の基本給設計

> **Q8** 管理監督者と非管理監督者間の水準差をどのように設計すべきでしょうか?
>
> **A** 管理監督者の範囲を「職務内容」「責任と権限」「勤務態様」等の点から定めた上で、管理監督者と非管理監督者間で基本給水準が逆転しないように設計するとよいでしょう。

厚生労働省によると、「管理監督者(労働基準法41条2号)とは、労働条件の決定その他労務管理について経営者と一体的な立場にあるものの意であり、名称にとらわれず、実態に即して判断すべきものです。したがって、管理職と呼ばれる地位に至った労働者が直ちに労働基準法上の管理監督者に該当するものではありません。」とされており、管理監督者の判断基準は、

① 当該者の地位、職務内容、責任と権限からみて、労働条件の決定その他労務管理について経営者と一体的な立場にあること

② 勤務態様、特に自己の出退勤をはじめとする労働時間について裁量権を有していること

③ 一般の従業員に比してその地位と権限にふさわしい賃金(基本給、手当、賞与)上の処遇を与えられていること

と整理されています(労働条件に関する総合情報サイト「確かめよう労働条件」より)。

課長に相当する等級を管理監督者として定め、その下の層との基本給水準と差をつけるように設計する場合、課長に管理監督者に足る職務内容や責任と権限等が伴っているかの確認が必須です。賃金を引き上げたとしても、そもそも職務内容や責任と権限等が伴っていなければ、管理

監督者とは言えない可能性があるため注意が必要です。

Q9　管理監督者であった等級を新制度では非管理監督者として取り扱う場合に適した賃金設計には、どのようなものが考えられるでしょうか？

A　実際には管理監督者性がないと判断する場合には、これまで管理監督者として取り扱っていた等級の基本給の一部を固定残業手当に組み替え、過度な人件費上昇を防ぐという方法が考えられます。

　管理監督者であった等級では、これまで超過勤務手当を支給していません。そのため、新しい制度では非管理監督者として取り扱う場合、これまでの基本給や役職手当を算定基礎として、残業時間に応じた超過勤務手当が発生します。そうなると、超過勤務手当による過度な人件費上昇によって、上位等級との賃金水準のバランスが崩れかねません。

　新制度において適切に超過勤務手当を支給しつつ、過度な人件費上昇と上位等級との月例給水準とのバランスが崩れるのを防ぐため、①これまでの基本給の一部を固定残業手当として支給する（現基本給＝新基本給＋固定残業手当）、もしくは②役職手当を固定残業手当として支給する（現基本給＋現役職手当＝新基本給＋新役職手当[※]）という方法が考えられます。この固定残業手当は、設定時間数をオーバーした分の残業時間については追加で超過勤務手当を支給する必要があります。
※役職手当は固定残業手当として支給。

　ただし、この方法だと月例給総額が下がらないものの、基本給や超過勤務手当の算定基礎が下がりますので、不利益変更に該当します。また、「①これまでの基本給の一部を固定残業手当として支給する」場合で、基本給を算定基礎に退職金や賞与を支給しているときは、新制度では、新基本給と固定残業手当の合計額を退職金や賞与の算定基礎にする必要

があるでしょう。

Q10　専門職を管理監督者として取り扱うことは可能でしょうか？

A　「職務内容」「責任と権限」「勤務態様」等の点から、要件を満た
す場合、専門職を管理監督者として取り扱うことは可能ですが、
一般的に専門職と呼ばれるコースの「職務内容」「責任と権限」等
を踏まえると、条件を満たさないことが多いでしょう。

　専門職に関して、賃金水準の高さを管理監督者並みとすることで、管
理監督者として取り扱うことがあります。しかし、専門職を管理監督者
として取り扱う場合は、賃金水準だけでなく、職務内容や責任と権限等
が伴っているかを検討する必要があります。検討の結果、職務内容や責
任と権限等が伴っていないようであれば、残業時間に応じて超過勤務手
当を支給しなければなりません。

　一方で、専門職の働き方として厳密な労働時間管理がなじまないこと
もあるかと思います。そうした場合、固定残業手当を設定することも
想定されます。また、専門職の業務内容が裁量労働制や高度プロフェッ
ショナル制度に当てはまるようであれば、こうした制度の適用を進める
ことも有効だと考えられます。裁量労働制や高度プロフェッショナル制
度の詳細な要件や諸手続きに関しては、本書では詳しく触れませんが、
概要としては以下の①～③のとおりとなります。

① 　専門業務型裁量労働制で想定している業務とは、「業務の性質上そ
の遂行の方法を大幅に当該業務に従事する労働者の裁量にゆだねる必
要があるため、当該業務の遂行の手段及び時間配分の決定等に関し使
用者が具体的な指示をすることが困難なものとして厚生労働省令で定
める業務のうち、労働者に就かせることとする業務」（労働基準法38
条の3）が該当します。この場合、諸手続きを経た上で、専門業務型
裁量労働制を導入可能です。専門業務型裁量労働制の対象業務は、具

体的には次の20業務となります（(13)のＭ＆Ａアドバイザーの業務に関しては、令和６年４月１日から新たに追加された業務）。

(1) 新商品若しくは新技術の研究開発又は人文科学若しくは自然科学に関する研究の業務

(2) 情報処理システム（電子計算機を使用して行う情報処理を目的として複数の要素が組み合わされた体系であってプログラムの設計の基本となるものをいう。(7) において同じ。）の分析又は設計の業務

(3) 新聞若しくは出版の事業における記事の取材若しくは編集の業務又は放送法（昭和25年法律第132号）第２条第28号に規定する放送番組（以下「放送番組」という。）の制作のための取材若しくは編集の業務

(4) 衣服、室内装飾、工業製品、広告等の新たなデザインの考案の業務

(5) 放送番組、映画等の制作の事業におけるプロデューサー又はディレクターの業務

(6) 広告、宣伝等における商品等の内容、特長等に係る文章の案の考案の業務（いわゆるコピーライターの業務）

(7) 事業運営において情報処理システムを活用するための問題点の把握又はそれを活用するための方法に関する考案若しくは助言の業務（いわゆるシステムコンサルタントの業務）

(8) 建築物内における照明器具、家具等の配置に関する考案、表現又は助言の業務（いわゆるインテリアコーディネーターの業務）

(9) ゲーム用ソフトウェアの創作の業務

(10) 有価証券市場における相場等の動向又は有価証券の価値等の分析、評価又はこれに基づく投資に関する助言の業務（いわゆる証券アナリストの業務）

(11) 金融工学等の知識を用いて行う金融商品の開発の業務

(12)　学校教育法（昭和22年法律第26号）に規定する大学における
　　　教授研究の業務（主として研究に従事するものに限る。）

(13)　銀行又は証券会社における顧客の合併及び買収に関する調査又
　　　は分析及びこれに基づく合併及び買収に関する考案及び助言の業
　　　務（いわゆるＭ＆Ａアドバイザーの業務）

(14)　公認会計士の業務

(15)　弁護士の業務

(16)　建築士（一級建築士、二級建築士及び木造建築士）の業務

(17)　不動産鑑定士の業務

(18)　弁理士の業務

(19)　税理士の業務

(20)　中小企業診断士の業務

② 　企画業務型裁量労働制で想定している業務とは、「事業の運営に関す
る事項についての企画、立案、調査及び分析の業務であつて、当該業
務の性質上これを適切に遂行するにはその遂行の方法を大幅に労働者
の裁量に委ねる必要があるため、当該業務の遂行の手段及び時間配分
の決定等に関し使用者が具体的な指示をしないこととする業務」（労
働基準法38条の4）が該当します。この場合、諸手続きを経た上で
企画業務型裁量労働制を導入可能です。

③ 　高度プロフェッショナル制度で想定している業務とは、「高度の専門
的知識等を必要とし、その性質上従事した時間と従事して得た成果と
の関連性が通常高くないと認められるものとして厚生労働省令で定め
る業務のうち、労働者に就かせることとする業務」（労働基準法41条
の2）が該当します。この場合、年収等の一定要件をクリアし、所定
の手続きを経た上で導入可能です。

　　対象業務は、次のとおりとなります。

(1)　金融工学等の知識を用いて行う金融商品の開発の業務

(2)　資産運用（指図を含む。以下同じ。）の業務又は有価証券の売買

その他の取引の業務のうち、投資判断に基づく資産運用の業務、投資判断に基づく資産運用として行う有価証券の売買その他の取引の業務又は投資判断に基づき自己の計算において行う有価証券の売買その他の取引の業務

(3) 有価証券市場における相場等の動向又は有価証券の価値等の分析、評価又はこれに基づく投資に関する助言の業務

(4) 顧客の事業の運営に関する重要な事項についての調査又は分析及びこれに基づく当該事項に関する考案又は助言の業務

(5) 新たな技術、商品又は役務の研究開発の業務

[7] 初任給の引き上げ方法

> Q11 初任給の引き上げを検討していますが、どのようなことに気をつけて進めればよいでしょうか?
>
> A 在籍者と新入社員の水準の逆転に注意して、初任給を引き上げるとよいでしょう。

在籍者と新入社員の水準が逆転しないためには、在籍者に対して、初任給水準引き上げ分を加算することが理想的な対応となります。しかし、現実にはそこまで人件費増を許容できない場合、一部の在籍者の賃金水準を引き上げる一方、昇給カーブを寝かせることで、人件費の過度な上昇を防止しつつ逆転しないための調整を行います [図表4-22]。

ただし、[図表4-22] のような調整は、回数を重ねると昇給カーブが寝てしまい、いつしかフラットになるため、何度もできる調整ではありません。当面の措置である点に留意しておく必要があります。どこかの時点で、等級の階層数の見直しや、引き上げ対象外であった在籍者の引き上げも含めた抜本的な対応を迫られることになるでしょう。

[図表4-22] 初任給の引き上げ

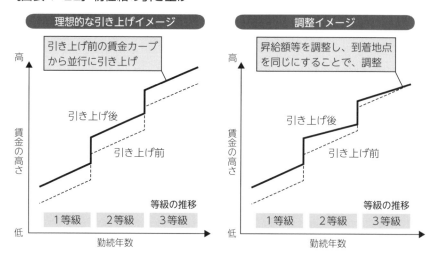

[8]昇給の設定

> Q12　基本給の上限・下限について、等級間を重複型で設計してい
> ます。そのため、同一等級内で同じ役割や能力にもかかわらず、
> 賃金水準差が大きくなっていますが、不公平感を緩和する方法
> はないでしょうか？
>
> A　各等級における基本給の上位水準ゾーンの定期昇給額を下位水
> 準ゾーンと比較して低く設定することが考えられます。

　基本給の上限・下限を接続型や階差型で設計すると、その等級に適用
できる賃金水準の幅が限られてしまいます。そのため、内部公平性の観
点から言えば、等級内の賃金の上限・下限の幅が狭くなる接続型や階差
型のほうが本来的には望ましいのですが、中途採用を継続的に行うこと
を考えると、求職者に対して高い賃金でオファーできるように賃金の上
限を上げて重複型で設計するほうが合理的なときもあります。

　しかし、採用市場が過熱しているような状況では、重複型の設計とす
ると、後から入社した従業員の賃金水準が既存の従業員を上回ることに

なり、既存の従業員からの不満が出やすくなります。根本的な解決策としては、既存の従業員の賃金水準を引き上げることになりますが、現実には困難なことのほうが多いでしょう。

そこで、各等級において基本給の上位水準ゾーンと下位水準ゾーンとに区分し、等級内における基本給の上位水準ゾーンの定期昇給額を下位水準ゾーンと比較して低く設定することが考えられます。このようにすることで、既存従業員の昇給額が大きくなり、新しく採用した従業員の水準に追いつきやすくなります。

6　諸手当の設計

ここでは、主要な手当について解説していきます。再掲となりますが、[図表4-23] を見ると、「職務関連手当」では、「役職手当（役付手当）」「交替勤務手当・時差勤務手当」「公的・民間資格手当（資格保有者に対する手当）」「年末年始手当」について「支給あり」とする企業が多く、「生活関連手当」では、「家族手当・子ども手当」「単身赴任手当（別居手当）」「住宅手当」「地域手当・勤務地手当」の導入割合が高いようです。

このうち、役職手当（役付手当）、家族手当・子ども手当、住宅手当に加えて、新型コロナウイルス感染症の流行をきっかけに導入が増加している「在宅勤務手当（テレワーク手当）」について、設計のポイントを解説していきます。

[1]役職手当の設計

役職手当（役付手当）は、役職に応じた手当額を支給するものです。労務行政研究所の「諸手当の支給に関する実態調査」（2022年）では、67.9％の企業（管理職の場合）で支給されている手当です。

[図表4-23] 諸手当の支給状況（再掲）

＊（社）、％＊

区 分		合 計	管理職		一般社員	
			支給あり	支給なし	支給あり	支給なし
職務関連手当	①役職手当（役付手当）	(299) 100.0	67.9	32.1	48.5	51.5
	②営業手当（外勤手当）	(299) 100.0	8.7	91.3	20.7	79.3
	③交替勤務手当・時差勤務手当	(299) 100.0	15.4	84.6	34.8	65.2
	④公的・民間資格手当 （資格保有者に対する手当）	(299) 100.0	29.1	70.9	39.5	60.5
	⑤特殊勤務手当（運転手、守衛など特殊な勤務に対する手当）	(299) 100.0	7.4	92.6	16.4	83.6
	⑥特殊作業手当（高所や汚染物処理など、危険や困難を伴う作業への従事に対する手当）	(299) 100.0	11.7	88.3	20.4	79.6
	⑦年末年始手当	(299) 100.0	26.8	73.2	39.1	60.9
	⑧宿日直手当	(299) 100.0	9.0	91.0	11.7	88.3
生活関連手当	⑨家族手当・子ども手当	(299) 100.0	40.5	59.5	71.2	28.8
	⑩単身赴任手当（別居手当）	(299) 100.0	82.3	17.7	82.9	17.1
	⑪住宅手当	(299) 100.0	28.1	71.9	45.2	54.8
	⑫地域手当・勤務地手当	(299) 100.0	30.4	69.6	37.5	62.5
	⑬寒冷地手当・燃料手当	(299) 100.0	15.4	84.6	16.4	83.6
	⑭食事手当	(299) 100.0	22.4	77.6	24.4	75.6
	⑮通勤手当	(299) 100.0	99.3	0.7	99.3	0.7
その他の手当	⑯出向手当	(299) 100.0	17.7	82.3	22.1	77.9
	⑰待機手当	(299) 100.0	5.0	95.0	10.0	90.0
	⑱在宅勤務手当	(299) 100.0	22.4	77.6	22.7	77.3

資料出所：労務行政研究所「諸手当の支給に関する実態調査」（2022年）（[図表2-11] 再掲）

　同調査によると、設定額は企業によりバラつきがありますが、課長で月額5万6000円程度、部長で9万円程度が平均値です。役職間の差額はおおむね3万円程度です。設計に際しても、この金額差を意識するのが

よいでしょう。ただし、役職手当は職能給等の基本給とセットで支給するのも多いことに注意が必要です。役職手当としては月額3万円ほどの差ですが、部長と課長にひも付く等級による基本給差もあります。実際に、厚生労働省の「令和4年賃金構造基本統計調査」での部長級と課長級の賃金を見ると、きまって支給する現金給与額の差は10万円ほどありますので、役職手当の3万円だけが、部長と課長の賃金差ではない点に注意してください。自社の部長と課長の基本給と役職手当の合計差の設計案が10万円に満たない場合、役職手当の引き上げを検討してもよいでしょう。

なお、職能給と役職手当を組み合わせるメリットとしては、等級と役職の対応関係を幅広に設けておき、下位等級であるが上位の役職を担わせてみたい（抜擢）というときに、まずは昇格を伴わずに役職手当の金額のみを変更し、成果が認められれば昇格し、期待に応えられなければ降格を伴わずに元の役職に戻して役職手当も変更するといった運用が考えられます［図表4-24］。

［図表4-24］役職手当の利点

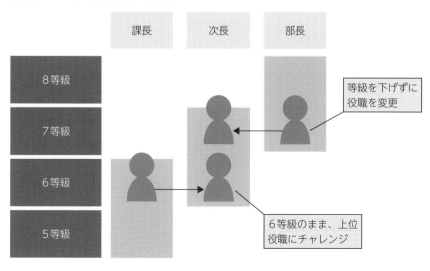

[2]住宅手当の設計

　住宅手当は、住宅費用に関する補助となる手当です。労務行政研究所の前掲調査では、45.2％の企業（一般社員〔非管理職〕の場合）で支給されている手当です。

　住宅手当の支給金額としては、厚生労働省の「令和2年就労条件総合調査」によると月額1万7800円が平均値となっていますが、地域によっても設定額が異なります。また、住宅手当は勤務地から離れた地域に住む新卒採用者に対して訴求力の高い手当となるので、競合他社の動向なども踏まえて、金額を設定するとよいでしょう。

　対象となる住居は、持ち家、借家のいずれか、または両方となります。これから手当を新設する場合は、まずは借家に対しての支給でよいでしょう。第2章でも言及したとおり、持ち家に関しては住宅ローン返済後、資産として残りますが、借家は資産として残らないためです。

　支給対象者は、どの階層までとするかを検討します。企業によっては、上位等級に対して手当の支給はしない方針を取っていることもあります。特に、「管理職」と呼ばれるような上位等級は、職務等級や役割等級など仕事軸での等級制度の導入が進んでおり、与えられた仕事を果たせたかという観点で賃金を支給するという考え方から、手当は支給しないというケースも見られます。

　支給対象を制限する場合、同一労働同一賃金の観点から、「転居転勤に係る住居の負担補助」と整理することで、「転居転勤の可能性がある雇用区分」の従業員を支給対象にするとよいでしょう。単に正社員であるためという理由で「転居転勤の可能性がない」正社員にも支給すると、「転居転勤の可能性がない」非正規社員に対して支給しない説明ができないので注意してください。

　なお、住宅手当は、「住宅に要する費用に応じて算定する場合」に割増賃金の算定基礎から除くことができます。具体的には、家賃の一定割合や住宅ローン月額の一定割合を支給するような場合です。住宅手当を

一律額で支給する場合は、割増賃金の算定基礎から除けませんので注意してください。

[3]家族手当の設計

　家族手当は、配偶者や子ども等がいる場合に、生活の補助として支給する手当です。労務行政研究所の前掲調査では、71.2％の企業（一般社員〔非管理職〕の場合）で支給されている手当です。

　家族手当の平均支給金額は、同調査によると「配偶者＋子ども1人」の場合に月額1万8671円となっています。ただし、これから説明する支給条件の設定いかんによって、従業員間に不公平感が生じますので、支給金額を大きくし過ぎないほうが無難でしょう。

　支給条件では、扶養する配偶者、第1子、第2子のように、続柄を特定するか、扶養する親族1人目、2人目、3人目のように、続柄を特定しないかを検討します。あるいは、社会課題である少子高齢化を踏まえて、家族手当を子ども手当と改称し、支給条件を扶養する子に限定するケースもあります。しかし、いずれにせよ支給条件の設定いかんによって、従業員間で不公平感が生じますので、支給目的をしっかりと検討するべきです。

　支給対象は、住宅手当でも記したように、上位等級者や、生計費を考慮して一定年齢以上の者に対して手当の支給はしない方針をとっている企業もあります。自社の方針に照らして、検討するとよいでしょう。

　雇用区分で支給対象を制限することは、同一労働同一賃金の観点から望ましくないでしょう。家族手当の支給目的は、扶養する家族を持つ従業員の生活を補助することにあります。正社員と非正規社員という雇用区分が違うだけの場合もさることながら、相応に長期勤続となっている非正規社員に対して手当を支給しない場合は特に理由を説明しにくいため注意してください。

　なお、家族手当は、「扶養家族の人数またはこれを基礎とする家族手

当額を基準として算出した場合」に割増賃金の算定基礎から除くことができます。家族手当を扶養家族の有無や人数にかかわらず一律額で支給する場合は、割増賃金の算定基礎から除くことができませんので注意してください。

[4] 在宅勤務手当（テレワーク手当）

新型コロナウイルス感染症の流行をきっかけに在宅勤務が一般化し、在宅勤務手当を「支給する」企業は38.3％と4割近くになっています（労務行政研究所「人事労務諸制度実施状況調査」2022年）。

労務行政研究所の「テレワークに関するアンケート」(2021年) によると、毎月定額を支給する場合の在宅勤務手当の支給金額は月額3761円となっていますので、この金額も参考としながら検討していくとよいでしょう。

在宅勤務手当は、在宅勤務により生じる費用を把握・整理の上で、従業員負担となる部分を会社がどこまでカバーするのかといった視点で検討していきます。在宅勤務により生じる費用について、「会社と従業員のどちらが負担するか」「会社が負担する場合の限度額」「従業員が請求する場合の請求方法」を整理しておくと、在宅勤務手当として補助する部分が分かりやすくなります。

在宅勤務時の費用負担とは、厚生労働省「テレワークではじめる働き方改革 テレワークの導入・運用ガイドブック」によると、主に、①情報通信機器の費用、②通信回線費用、③文具、備品、宅配便等の費用、④水道光熱費となり、費用負担の考え方は、次のとおり整理されています。

①情報通信機器の費用
テレワーク導入企業の事例では、PC本体や周辺機器、携帯電話、スマートフォンなどについては、会社から貸与しているケースが多くみられます。

会社が貸与した場合、基本的には全額会社負担としているところが多いようです。

②通信回線費用

モバイルワークでは携帯電話やノート型PCを会社から貸与し、無線LAN等の通信費用も会社負担としているケースが多くみられます。一方、在宅勤務では、自宅内のブロードバンド回線の工事費、基本料金、通信回線使用料等が発生します。

工事費については、ブロードバンド回線そのものが自宅内に配線され、テレワーカー自身が個人的にも使用することがあるため、その負担を個人負担としている例もみられますが、会社が負担するケースもあります。

ブロードバンド回線の基本料金や通信回線使用料については、個人の使用と業務使用との切り分けが困難なため、一定額を会社負担としている例が多くみられます。

③文具、備品、宅配便等の費用

文具消耗品については会社が購入した文具消耗品を使用することが多いでしょう。切手や宅配メール便等の事前に配布できるものはテレワーク実施者に渡しておき、会社宛の宅配便は着払いにするなどの対応ができます。やむを得ずテレワーク実施者が文具消耗品の購入や宅配メール便の料金を一時立て替えることも考えられますので、この際の精算方法等もルール化しておくことが必要です。

④水道光熱費

自宅の電気、水道などの光熱費も実際には負担が生じますが、業務使用分との切り分けが困難なため、テレワーク勤務手当に含めて支払っている企業も見受けられます。

上記の内容を整理した上で、在宅勤務手当の支給目的や支給対象、支給額を設定しましょう。ただし、現実的に通信回線費用や水道光熱費の

支給に当たっては、プライベート使用分と業務使用分の切り分けが難しいため、前述の世間相場を踏まえながら在宅勤務手当として支給することになるでしょう。

在宅勤務が中心となるような企業では、通勤手当を廃止し、実費支給に切り替えるということもあります。これによって生じる原資を在宅勤務手当に充当することもできます。なお、在宅勤務手当は、第3章の**2**の [5] で記したとおり、割増賃金の算定基礎額から除外してよい賃金に当てはまらないため、原則、算定基礎額に含める手当となります。ただし、この在宅勤務手当が事業経営のために必要な実費を弁償するものと整理できる場合は、割増賃金の算定基礎額に含める必要はありません。

[5] 手当の廃止の考え方

ここまで、各種手当の設計について解説してきましたが、昨今の手当に関しては、新設や要件の変更よりも、まずは廃止・統合を議論されることのほうが多いようです [図表4-25]。ここでは、廃止や再編の方法について、解説していきます。

手当の廃止に関しては、労働条件の不利益変更となります。不利益変更に関しては、本章の**12**で触れます。

第3章の「**2　賃金制度の検証の視点・方法**」で解説したとおり、手

[図表4-25] 手当の見直しや廃止の考え方

手当支給の必要性	検討の方向性		見直し・廃止の検討が必要な状況例
高い	手当の支給要件の見直し		■ 類する手当は必要だが、支給水準や要件が時代にマッチしていないとき
低い	廃止	調整給を支給し、段階的に調整給を減額	■ 支給者がごく少数であり、不利益変更に際して同意取得を行いやすいとき ■ ベースアップやその他の賃金制度の見直しにより、トータルで月例給が上昇するとき
		基本給へ組み込み	■ 従業員の多くに支給されている手当であり、実質として基本給と同義であるとき

当廃止の判断軸として、必要性の程度は「手当の役目を終えていない
か」「今後の会社の方向性にマッチしているか」の視点で確認するとよ
いでしょう。また、世間の支給状況を確認するのも有効です。例えば、
精勤手当や家族手当を中心とした生活関連手当の支給率は減少傾向にあ
ります。これらの観点から、手当の廃止が妥当と判断する場合の廃止方
法について解説します。

　手当を単に廃止するだけでなく、その原資を有効に活用できるよう、
まずは別の賃金項目に充当することの検討が必要です。充当先として
は、基本給、または支給する必要性の高い他の諸手当が考えられますが、
ここでは基本給への組み込みの方法を説明します。

　手当を廃止し基本給へ再編する場合の主たる検討事項として、「実在者
への組み込み」「今後の賃金カーブへの影響」「採用への影響」の3点を
確認しておく必要があります。

(1)実在者への組み込み

　「実在者への組み込み」とは、廃止する手当額を基本給に組み入れる
ことです。しかし、これにより手当の支給者と不支給者で基本給の水準
が異なってきます。能力、役割、職務といった基本給の性質を原理主義
的に捉えるならば、同一の等級にもかかわらず基本給が異なる状態に
なってしまいます。そのため、手当が支給されている者のみならず全員
に、廃止する手当額の平均額を組み入れることとする等、一律の金額と
することも考えられます[図表4-26]。このとき、従来支給していた
者に「調整給」を一定期間は支給するなどして、緩和措置を図ることも
考えられます。

(2)今後の賃金カーブへの影響

　実在者への組み込みに加えて検討しておくべきことは、「今後の賃金
カーブへの影響」です。実在者の基本給に手当を組み入れたものの、基
本給の上限・下限を変更しないままだと、特に「接続型」や「階差型」
の基本給において昇格昇給時に上位等級の下限額に飛びつかせる方法と

[図表4-26] 手当の廃止における基本給への手当分の組み込み方法

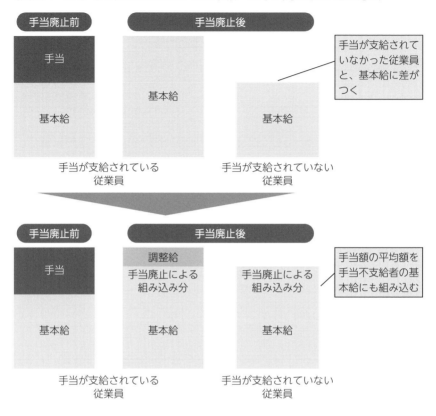

している場合には、昇格昇給時に手当の組み入れ分がリセットされることから、意図せぬ賃金カーブの抑制となることがあります [**図表4-27**]。

　そこで、賃金カーブを維持するためには、基本給の上限・下限を手当の廃止額に合わせて引き上げることが求められます。ただし、単純に引き上げた場合、これまでの手当不支給者の賃金カーブも引き上がり、総額人件費を増加させることになるため、引き上げ分は手当の支給額の平均値とするなど、バランスを取ることも考えられるでしょう。

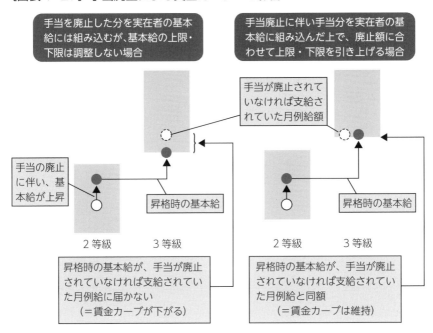

手当を廃止した分を実在者の基本給には組み込むが、基本給の上限・下限は調整しない場合

手当廃止に伴い手当分を実在者の基本給に組み込んだ上で、廃止額に合わせて上限・下限を引き上げる場合

手当が廃止されていなければ支給されていた月例給額

手当の廃止に伴い、基本給が上昇

昇格時の基本給

2等級　　　　3等級

昇格時の基本給が、手当が廃止されていなければ支給されていた月例給に届かない
（＝賃金カーブが下がる）

昇格時の基本給

2等級　　　　3等級

昇格時の基本給が、手当が廃止されていなければ支給されていた月例給と同額
（＝賃金カーブは維持）

(3) 採用への影響

　最後に「採用への影響」です。採用には、中途採用と新卒採用があり
ますが、中途採用に関しては、手当の有無よりもオファーする年収総額
が重要なことのほうが多いため、手当の廃止による影響は軽微です。

　一方、新卒採用に関しては、手当の有無の影響は大きいでしょう。
例えば、住宅手当については、新卒社員にとって関心が高く、住宅手当
を廃止すれば、採用に不利に働く可能性もあります。住宅手当を廃止す
ると、これまで住宅手当を含んだ額で新卒社員に提示していた初任給水
準が下がるため、基本給の下限（初任給）の引き上げを併せて検討すべ
きでしょう。引き上げ方法については「実在者への組み込み」「今後の
賃金カーブへの影響」で解説したとおりです。

　一方で、家族手当などは、入社時に新卒社員に支給するケースは多く

ありませんので、廃止しても初任給の引き上げまで検討する必要性は少なく、別の項目に原資を充当するのが妥当です。

7　賞与の設計

　賞与の設計では、「賞与原資の決定方法」「（原資が決まった後の）個人への配分方法」のそれぞれについて解説します。

[1]設計の全体像

　賞与原資の決定方法は、第2章にて「個人賞与の積み上げ方式」「業績連動方式」の2種類があると解説しました。これらはどちらか一方を選択しなくてはならないものではなく、組み合わせることも考えられます。

　「個人賞与の積み上げ方式」では、結果的に支給する個人の賞与の総和が原資となる点が特徴です。一方、「業績連動方式」は業績に応じて原資が決定する点が特徴となります。「業績連動方式」だけで賞与原資を決定すると、業績が芳しくないときに賞与が大きく減少、または不支給となる可能性もあり、従業員によっては賞与の不安定さに不満を感じるおそれがあります。そのため、例えば、1カ月分は「個人賞与の積み上げ方式」として原資を確保し、1カ月分を超える原資は「業績連動方式」として、業績に応じて確保するというような組み合わせ方法も考えられます。

　また、（原資が決まった後の）個人への配分方法では、「算定基礎額連動方式」「基準額方式」「ポイント方式」といった方法があると解説しました。個人への配分方法は賞与原資の決定方法に合わせて、最適な方法を選択していくことが必要です。その手順として、次のとおり解説していきます。

・賞与原資から個人支給に至るまでの全体構造を描く

・業績連動方式部分の賞与原資を決定する業績指標を決定

・業績指標の増減に対する賞与原資の増減額を決定

・個人への分配方法を決定

・個人への支給額への影響の検証

・（必要に応じて各所の設計を調整）

[2]賞与原資から個人支給に至るまでの全体構造を描く

(1)賞与原資から個人支給への全体像

賞与原資から個人支給への全体像の考え方は、大きく4とおりです［図表4-28］。

これらのいずれかまたは組み合わせを決定する必要があります。

まず「①個人賞与の積み上げ」では、一定の支給月数（ないし賞与原資総額）の目安を決定した後、個人評価が反映されます。そうすると、結果的にめどとしていた賞与原資を超過することもあれば、未達となることもあり、そもそもどのように賞与原資の総額を決定するのかという意識が醸成されず、従業員の業績向上意欲の喚起につながりにくい考え

［図表4-28］賞与原資から個人支給に至るまでの全体像

予定している賞与原資の考え方	具体的な分配方法
予定している賞与原資に必ずしも収めなくてよい	1 個人賞与の積み上げ
予定している賞与原資に必ず収める	2 全社で原資を決定し、個人に分配していく方法
	3 全社で原資を決定し、所属組織単位に原資を分け、個人に分配していく方法
	4 組織単位で原資（事業本部での業績連動）を決定し、個人に分配していく方法

方です。

　そのような問題に対応できるのが、業績連動方式であり、大きくは三つの方法があります。もっとも構造が単純なものでいえば「②全社で原資を決定し、個人に分配していく方法」となります［図表4-29］。あらかじめ定めた賞与総原資を超過しない方法であり、従業員の業績向上意欲を高めることが期待できます。

　しかし、例えば、A事業本部とB事業本部があり、業績に与える影響度が全く異なる収益性の事業を抱える場合に、事業本部ごとの業績貢献に対する評価が反映されないことが課題視されるケースがあります。具体的には、A事業本部とB事業本部の双方に標準評価でかつ同一等級の

［図表4-29］全社で原資を決定し、個人に分配していく方法

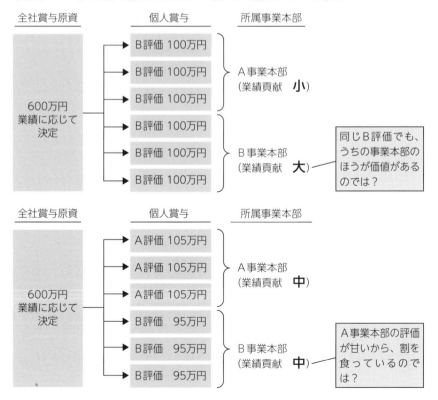

従業員がいた場合、B事業本部のほうが業績貢献が大きいにもかかわらず、賞与水準が同じという状況に不満が生まれるかもしれません。

　また、同程度の収益性の事業本部を複数抱えている場合であっても、例えば、A事業本部のほうがB事業本部よりも個人評価が甘いというような状況があったときに、A事業本部の賞与額が高くなり、B事業本部のほうが不利だということにもなりかねません。個人評価の調整を全社単位でできればよいですが、本部をまたぐような調整は現実的ではないときもあります。

　こうした問題を克服するため、「③全社で原資を決定し、所属組織単位に原資を分け、個人に分配していく方法」が採られます［図表4-30］。

[図表4-30] 全社で原資を決定し、所属組織単位に原資を分け、
　　　　　　個人に分配していく方法

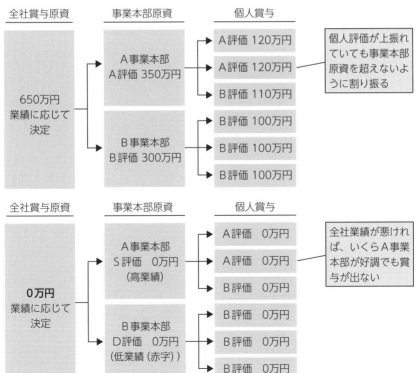

このとき所属組織単位への分配方法は、組織評価を基に行うことになります。

　組織評価の在り方はさまざまですが、手法の一つとして「バランススコアカード」[※]を取り入れることが考えられます。A事業本部、B事業本部の組織評価に応じて、それぞれに賞与原資を分けますので、各事業本部は分けられた賞与原資内で個人に賞与を分配します。そのため、仮にA事業本部のほうが個人の評価が上振れしていても、B事業本部の賞与水準に影響することはありません。

※バランススコアカード：財務指標だけでなく非財務指標にも着目し、多面的な指標を組み合せて業績を計画・評価・管理することで、目標や戦略を効果的に推進するための経営管理方法。

　しかし、A事業本部は業績好調であったものの、B事業本部が芳しくなく、全社としては赤字であった場合はどうでしょうか。この場合、全社単位で賞与原資の総額を決定しているため、好調なA事業本部も賞与は全く支給なし、もしくはほとんど支給なしということもあり得ます。全社で赤字であるため、賞与が支給されないのは当然と言ってしまえばそのとおりなのですが、これでは有望事業における優秀者の離職につながりかねず、B事業本部の立て直しどころではなくなってしまう可能性さえあります。

　こうした問題を克服するためには、「④組織単位で原資（事業本部での業績連動）を決定し、個人に分配していく方法」が考えられます。先ほどの例でいえば、事業本部単位の合計で全社賞与原資を決定することになります。こうしておけば、仮に全社が赤字であっても、所属している事業本部が好調であれば、賞与を支給することも可能です［図表4-31］。

(2)自社に適したパターンを選択

　賞与原資から個人支給に至るまでの全体構造の主たるパターンを見てきましたが、自社に適したパターンを選択するには、組織構造を押さえ

[図表4-31] 組織単位で原資（事業本部での業績連動）を決定し、
　　　　　 個人に分配していく方法

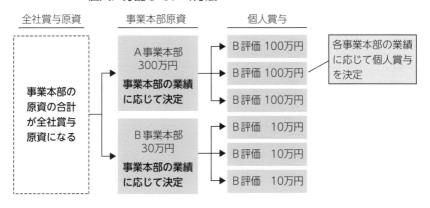

た上で方針づける必要があります。

■単一事業

　そもそも単一事業の企業であれば、「④組織単位で原資（事業本部での業績連動）を決定し、個人に分配していく方法」はあまり考えにくいでしょう。単一事業であっても、営業本部、開発本部、製造本部、管理本部といったように企業内で機能単位別に組織が分かれている場合に、同方法を選択することは不可能ではありませんが、組織別に業績連動指標を設定することは困難です。そのため、取り得る選択肢は、次のいずれかとなるでしょう。

①　個人賞与の積み上げ

②　全社で原資を決定し、個人に分配していく方法

③　全社で原資を決定し、所属組織単位に原資を分け、個人に分配していく方法

　①～③のうちどれが適切かについては、賞与制度に求める機能を検討していく必要があります。例えば、営業本部、開発本部、製造本部、管理本部といった機能別組織であった場合に、会社の強みが開発であるというようなときは、「③全社で原資を決定し、所属組織単位に原資

を分け、個人に分配していく方法」として、開発本部に十分な賞与原資がわたるようにすることが考えられます。しかし、頻繁に本部をまたぐ異動があるような場合であれば、「②全社で原資を決定し、個人に分配していく方法」や「①個人賞与の積み上げ」のほうが、その運用を妨げにくいでしょう。

■ 複数事業を有する企業

複数事業を有する企業であれば、

③　全社で原資を決定し、所属組織単位に原資を分け、個人に分配していく方法

④　組織単位で原資（事業本部での業績連動）を決定し、個人に分配していく方法

の二つも選択肢に入ってきます。ただし、先ほど解説したとおり事業本部間で収益性が大きくかけ離れている場合は、「③全社で原資を決定し、所属組織単位に原資を分け、個人に分配していく方法」とするのは不適でしょう。また、事業本部間のシナジー効果を発揮したい（違う事業であっても、人材要件には類似性があり、相互の異動が可能）というようなケースにおいては、「④組織単位で原資（事業本部での業績連動）を決定し、個人に分配していく方法」とすると、異動を妨げる要因になりかねません。こうしたメリット・デメリットを参考にしながら、原資から個人支給に至るまでの全体構造を描くとよいでしょう。

[3] 業績連動方式部分の賞与原資を決定する業績指標を決定

ここからは、賞与原資を決定するための具体的な計算式を検討していきます。論点は、次の五つです［図表4-32］。

論点①：業績指標＝どの業績指標を用いるか？

論点②：切片＝賞与原資の下限を設定するか？

論点③：傾き＝業績指標に対して、どの程度賞与原資が増減するか？

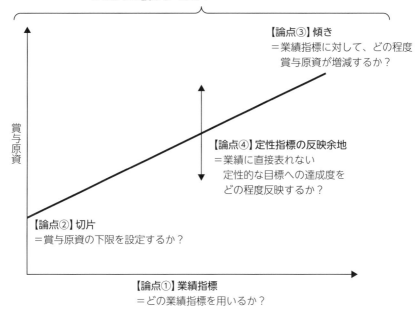

【論点⑤】例外措置
＝計算式で算出した賞与原資を変更する例外ルールを
　どのように設けるべきか？

【論点③】傾き
＝業績指標に対して、どの程度
　賞与原資が増減するか？

賞
与
原
資

【論点④】定性指標の反映余地
＝業績に直接表れない
　定性的な目標への達成度を
　どの程度反映するか？

【論点②】切片
＝賞与原資の下限を設定するか？

【論点①】業績指標
＝どの業績指標を用いるか？

論点④：**定性指標の反映余地**＝業績に直接表れない定性的な目標への達成度をどの程度反映するか？

論点⑤：**例外措置**＝計算式で算出した賞与原資を変更する例外ルールをどのように設けるべきか？

【論点①：業績指標】

　第2章で解説したとおり、業績連動方式部分の賞与原資の決定に際して用いる業績指標は、一般的には、売上高、営業利益、経常利益を用いることが多いようです。この三つのうちであれば、本業の利益である「営業利益」を業績指標として用いるのが分かりやすいでしょう。売上高に関しては、採算度外視で売り上げに走るなどコスト意識が希薄化しがちですし、経常利益に関しては営業外損益が含まれているので、本業で

はない部分の損益で賞与原資が左右されることになります。そのため、業績指標は営業利益を中心に検討するのがよいといえます。

　ただし、営業利益には販管費の「減価償却費」が含まれます。減価償却を伴う投資（大きな設備投資等）が経営判断でなされることを考慮すると、従業員が関与できない判断で賞与原資の大きさが左右されてしまうことに不満が生じる可能性が高まります。この点を踏まえると、EBITDA（59ページ参照）なども業績指標として用いることも考えられます。このように会社の状況に応じて業績指標を選択したり、調整することが重要です。

[4]業績指標の増減に対する賞与原資の増減額を決定
【論点②：切片】

　この論点では、賞与原資の下限を設定するか——を検討します。

　例えば、賞与原資の決定に際して業績連動方式を取り入れるときに、従業員や労働組合から「会社が存続するか否かの危機的な財務状況であればともかく、多少業績が悪化したときでも賞与が不支給となるような仕組みでは、生活が成り立たない」や、「営業利益は、原材料の高騰など一般従業員の努力ではどうにもならない部分に左右される。そのような性質にもかかわらず、営業利益が悪化したときに賞与が不支給となるのは納得がいかない」といった声が上がることがあります。また、経営層や人事部の認識としては、賞与は就業規則等の労働契約の上では業績に応じて支給するため不支給となり得ると捉えていても、従業員からすると在籍期間中の「賃金の後払い」の性質があると捉えていることもあるでしょう。

　こうしたときに、切片（下限）を設けて一定額を賞与として支給することで安心感をもたらすという目的が考えられます。具体的な額については、過去5～10年間程度の業績と賞与の関係を確認しながら検討するとよいでしょう。特に、業績悪化時において、どの程度賞与を支給して

いたかを参考として判断してください。

【論点③：傾き】

　この論点では、業績指標に対してどの程度賞与原資が増減するか？
——を検討していきます。過去5〜10年間程度の業績と賞与の関係を確認しながら検討するとよいでしょう。具体的にはY軸に賞与原資、X軸に業績指標をプロットします。これまで厳密に計算式で賞与原資を計算してこなかった場合であっても、業績指標に応じながら支給しているケースも多くありますので、傾向が見えてくることがあります。何らかの傾向があれば、基本的な計算式として具体化していきます［図表4-33］。

　ここまで設計すると、業績指標による賞与原資決定スキームは計算式で示すことができるので、この式が出来上がるとシンプルで理解しやすいものとなります。例えば、営業利益は"本業のもうけ"といった観点で、

[図表4-33] 業績連動賞与の傾きと切片の検討イメージ

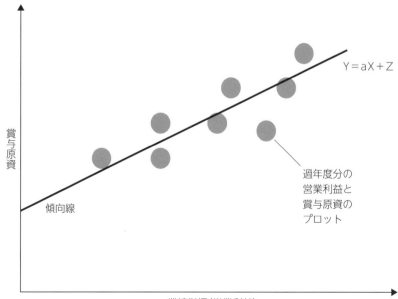

よく用いられる代表的な業績指標の一つですが、DXやESG経営の推進などのように、「当年度の営業利益には関わりの薄かった中長期的な施策の遂行度合い」は賞与原資に反映しきれない──といった課題が生じます。賞与は企業業績に応じて支給するものですが、一つの業績指標のみで賞与原資を決定してしまうと、「中長期的に重要な施策」を従業員が軽視してしまうことにもつながりかねません。そこで、定性指標の反映余地を検討していきます。

【論点④：定性指標の反映余地】

例えば、戦略目標の達成（研究開発やDXの推進等、すぐには営業利益に結びつきにくい活動）やESG（環境、社会、ガバナンス）経営に対する取り組みの達成などを3〜5段階程度で経営層が評価し、論点③までで設計した賞与原資の計算式で算出した賞与原資に反映していくことが考えられます。

【論点⑤：例外措置】

この論点では、計算式で算出した賞与原資を変更する例外ルールをどのように設けるべきか？──を検討していきます。せっかく計算式を設けたのだから、例外措置を設けるのはよくないのではないかという意見がありそうです。そのとおりではあるのですが、「営業利益で賞与原資を算出する式を設計したものの、経常利益ベースや純利益ベースでは赤字であった」等の事態に備えておくことをお勧めします。例えば、「算出式にて賞与原資を決定した場合に最終損益が0円を下回るときは、経営が賞与原資の額を決定する」などとすることが考えられます。

[5]個人への分配方法を決定

個人への分配方法は、「算定基礎額連動方式」「基準額方式」「ポイント方式」のいずれかから、賞与制度上の課題に応じて選択することになります。例えば、「賞与の算出式が基本給に応じているため、基本給の年功的部分を引きずってしまう」というような課題がある場合は、基本給

を算出式としない「基準額方式」や「ポイント方式」とするのが適当でしょう。

　また、課題だけでなく、"賃金制度を俯瞰（ふかん）して見たときの賞与の位置づけ"という視点も考慮しておくとよいでしょう。例えば、「基本給を成果に応じて大きく変動させるのは、従業員の生活に関わるのであまり変動させず、賞与は成果主義的な要素を強めてメリハリをつける」というようなことが考えられます。なお、こうした場合も「基準額方式」や「ポイント方式」が適しています。

　しかしながら、既に役割給や職務給を導入し、基本給自体に年功要素が除かれている場合であれば、「算定基礎額連動方式」でも問題ありません。このように、「賞与制度上の課題」「賃金制度を俯瞰して見たときの賞与の位置づけ」の点で個人への分配方法を選択していくことが重要です。

　ここからは、「算定基礎額連動方式」「基準額方式」「ポイント方式」のそれぞれの設計のポイントを解説していきます。

(1)算定基礎額連動方式

　算定基礎額連動方式は、「算定基礎額×支給月数×評価係数」が基本の算出式です。算定基礎額は、通常「基本給」や「役職手当」といった賃金項目で構成されます。この算定基礎額は、超過勤務手当の算定基礎額と項目を合わせる必要はありません。なお、支給月数が賞与原資に応じるのは、先ほどの解説のとおりです。

①評価係数の考え方

　高評価の評価係数を高く設定すると、被評価者は高評価を取るためにモチベーションを高く持って取り組むことが期待できます。一方で、高報酬を与えることになるため、より被評価者の納得がいく評価をすることが重要になります。評価者の評価力が伴わないまま、評価係数の格差を拡大すると、かえって従業員に不満を抱かせかねません。そうしたことから、評価係数は評価ランクの位置づけを踏まえて、統計

値を参考に被評価者のモチベーションと評価者の評価力の視点を考慮しながら、設定していくとよいでしょう。

労務行政研究所の「2023年度モデル賃金・賞与実態調査」の賞与支給額全体の幅を見ると、入社5年目程度の担当者クラスでは最高評価120％〜最低評価80％程度と、課長クラスでは最高評価125％〜最低評価75％程度となっています。最高評価と最低評価はこの値を参考にするとよいでしょう。

②評価ランクの位置づけ

最低評価と最高評価、標準評価以外の評価ランクの評価係数は、「評価ランクの位置づけ」を踏まえて判断します。評価ランクの位置づけは、それぞれのランクの定義や分布割合によって決まります。例えば、S・A・B・C・Dのように5段階評価の場合、Bを「期待どおり」と定義づけていれば標準的な評価といえるので、評価係数は100％が適当でしょう。一方、S・AやC・Dの主たる設定パターンは、以下の三つがあります［図表4-34］。

① 　等差で設定
② 　SとA・CとDの間の差を大きく設定
③ 　AとB・BとCの間の差を大きく設定

それぞれのパターン別の特徴を確認していきます。

①のパターンの場合、最高評価と最低評価の評価係数が決まれば、間の評価係数も決まります。そのため評価係数を検討するに当たり、始めに考える基本的な案でもあります。

続いて、Sは相当希少であるというような位置づけである場合は、②のようにSとA・CとDの間の差を大きく設定することがあります。この場合、基本的な評価運用はA〜Cが中心となり、SやDは分布上の目安値も設定せず、等級定義や評価基準に照らして真に該当の評価レベルに達している場合に出現することになります。ただし、SとAの格差をあまりに広げ過ぎると、いざ基準に該当する人物が出た

[図表4-34] さまざまな評価係数の設定パターン

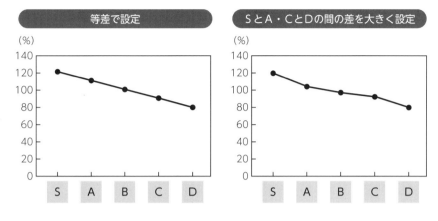

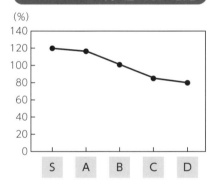

場合においても、来期評価が標準になったときには賞与が大きく下が
るといった理由により、Sをつけにくいという現象が発生しやすくな
ります。「評価者が臆せず評価をつけられるか」といった、評価に対
する評価者の理解や評価力が高くなければ意図どおりにSをつけられ
ないということが発生しますので、評価者教育も重要となります。

③のパターンは、標準であるBと、高評価であるS・A、低評価で
あるC・Dとは明確に位置づけを変えるというイメージです。そのた
め、分布についてもBが多くなることを想定します。基本的には、あ

第4章 どのように賃金制度の設計を進めるか

165

まり個人間で成果や行動に差がつかないような職種に対して、このようなパターンを適用することがあります。

(2) 基準額方式

次に、基準額方式ですが、「等級別の基準額×支給月数×評価係数」の計算式となります。評価係数の考え方は、先ほどの算定基礎額連動方式にて解説したので割愛し、等級別の基準額の設計を解説していきます。

等級別の基準額は、基本給の上限・下限の枠内で設定することが一般的です。中でも、基本給の上限・下限の中間値付近で設定することが多いのですが、まずその理由を解説しましょう。

そもそも基本給は、等級に応じて設定されています。等級は職能・役割・職務のいずれかの軸で社内での序列を整理したものなので、序列が高いほど賞与も高額とするために、基本給の額をベースに賞与の基準額を決定するのは自然なことでしょう。しかし、基準額方式の「基準額」は、原則として等級ごとに一つとなります。そこで、基本給の上限から下限のうち、どの額を基準額のベースとするかを決める必要があります。先ほど、基準額の設計は基本給の上限・下限の中間値付近とすることが多いと述べました。つまり、上限や下限で設定することはあまり見られないということです。

これは、算定基礎額連動方式を採用していた企業が、年功的な賞与制度を是正するために基準額方式を導入するときのことを想像すると理解しやすいでしょう。算定基礎額連動方式から移行するときに基準額を下限で設計すると、支給月数が同じであれば、ほぼ全員の賞与が下がることになります。このような事情から従業員に対して説明の合理性を欠くということで、下限で設定することはほとんどありません。一方、上限とするのも、同じ支給月数であれば、今度は全員の賞与が上がることになります。年功的に基本給が上昇してしまった部分を賞与に反映したくないという課題感に照らせば、上限で設定するということも合理性に欠く部分もあるでしょう。そのため、上限・下限の中間値付近で設計する

ことが多くなります。

　ただし、基本給の等級間の差が適切についていない、ある等級だけ極端に上限と下限が幅広である——といった場合は、上限と下限の中間値をそのまま適用せず調整をすることもあります。

(3)ポイント方式

　ポイント方式は、「評価別ポイント×ポイント単価」が計算式の基本です。ポイント単価は、「賞与の総原資÷従業員の総評価別ポイント」によって決まります。ここでは、評価別ポイントの設計方法について解説します。

　評価別ポイントは、要素分解すると、「等級別の基準ポイント×評価係数」となります。評価係数の設定方法については、算定基礎額連動方式にて解説しました。等級別の基準ポイントは、基本的に前述した基準額方式の基準額の設計方法と同様です［図表4-35］。その基準額をポイント化します。ポイント化した等級別の基準ポイントに評価係数を掛け合わせて、ポイントテーブルが完成します。

[6]個人への支給額への影響の検証

　個人への支給額への影響の検証は、賞与原資の観点と個人分配の観点で検証します。

　ここでは、賞与原資の決定方法は業績連動方式で、個人分配はポイント方式を採用する場合を前提に解説します。

(1)賞与原資の観点での検証

　賞与原資の観点では、過去数年間の業績や中期経営計画上の計数目標を当てはめてみて、1人当たりの賞与額への影響を試算します。試算したときの検証の視点は、「中期経営計画の業績目標の達成時」「業績不芳時」です。

①中期経営計画の業績目標の達成時

　中期経営計画の目標額を達成したときに、現在よりも1人当たりの

[図表4-35] ポイント方式のポイントテーブル設計

—円—

等級	基本給	
	上限	下限
8等級	680,000	750,000
7等級	610,000	680,000
6等級	540,000	610,000
5等級	490,000	540,000
4等級	360,000	420,000
3等級	300,000	360,000
2等級	250,000	300,000
1等級	200,000	250,000

中間値を算出

—円—

等級	基本給の中間値
8等級	715,000
7等級	645,000
6等級	575,000
5等級	515,000
4等級	390,000
3等級	330,000
2等級	275,000
1等級	225,000

ポイント化

等級	等級別の基準ポイント
8等級	715
7等級	645
6等級	575
5等級	515
4等級	390
3等級	330
2等級	275
1等級	225

評価係数を乗じて、ポイントを評価別に展開

等級	評価係数				
	S	A	B	C	D
	120%	110%	100%	90%	80%
8等級	858	787	715	644	572
7等級	774	710	645	581	516
6等級	690	633	575	518	460
5等級	618	567	515	464	412
4等級	468	429	390	351	312
3等級	396	363	330	297	264
2等級	330	303	275	248	220
1等級	270	248	225	203	180

賞与額が減少するようなことはないかを検証します。

　減少する場合は、業績達成に向けて従業員に意欲喚起を行うことが難しくなりますので注意してください。従業員に対して業績達成に向けて適切に意欲喚起を図っていくためには、中期経営計画の目標額を達成したときは現在よりも1人当たりの賞与額が増加するように賞与原資を設計しておくとよいでしょう。

②業績不芳時

　過去の業績不芳時に、現在よりも大きく1人当たり賞与額が増加してしまったことはないかを検証します。業績が芳しくないときに1人当たり賞与額が増加するというのは、従業員の安心感にはつながるかもしれませんが、業績に対する健全な危機感といった視点では問題があると考えられます。

(2)個人分配の観点での検証

　個人分配の観点では、賞与の分配方法の変更により、どの程度個人ごとに影響があるかを検証していきます。検証の目的は、意図どおり、対象者の賞与が増減しているかを確認することです。具体的には、「等級別の影響」「個人への影響」の観点で確認していきます。

　このときの試算の前提として、賞与原資は現行制度と新制度を同じ額にするとよいでしょう。賞与原資の額が変わってしまうと、個人別賞与額の増減が賞与原資の変化の影響なのか、個人への分配方法の変化の影響なのかが判断しにくくなるためです。

①等級別の影響

　現行制度と新制度を比較したときに、新制度では意図どおりに等級別の賞与の平均値が増減しているかを検証します。例えば、管理職層の賞与の引き上げを予定していたとします。このとき管理職層の1人当たりの賞与額は引き上がりますが、賞与原資を現行制度と新制度で同額として試算した場合、非管理職層の1人当たりの賞与額は減少します。この増減額が意図どおりなのか、あるいは許容できないものなのかを確認しておく必要があります。

②個人への影響

　個人の賞与が、現行制度と新制度を比較したときに、新制度では意図どおりに増減しているかを検証します [図表4-36]。例えば、賞与の個人分配について、新制度でポイント方式を導入する場合、標準評価であれば同一等級では賞与は同額になりますが、現行制度が基本給

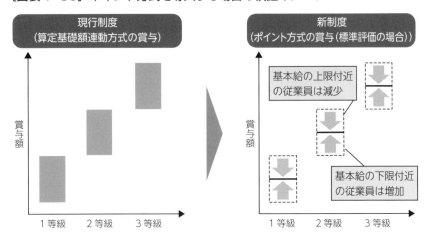

を賞与の算定基礎とした算定基礎額連動方式だった場合、新制度では基本給の下限付近の従業員は賞与が増加する一方、上限付近の従業員は賞与が下がります。この増減が許容できる範囲内なのかを確認しておきましょう。

8　賞与の設計（Q＆A）

賞与は、業績に応じて支給するものであり、従業員に対する業績達成の意欲喚起のためにさまざまな設計が考えられます。ここまでで説明できなかった点をQ＆A方式で解説します。

[1]基準額方式やポイント方式の導入

Q1　基準額方式やポイント方式に改定すると、現行制度で既に年功的に基本給の上がった従業員の賞与が下がり過ぎてしまいます。これを避ける方法はないでしょうか？

A　部分的あるいは段階的に導入するか、基準額方式の基準額やポイント方式のポイントを同一等級内に複数設けるといった方法が考えられます。

　基準額方式やポイント方式の導入目的の一つは、年功要素を排して等級に応じた賞与の支給を実現することにあります。そのため、「既に年功的に基本給の上がった従業員の賞与が下がり過ぎてしまう」という問題にどこまで対処すべきかを検討する必要があります。

　質問のとおり、基準額方式やポイント方式は、等級別に一つの賞与額に集約されてしまうため、等級内で高い基本給となっている従業員については、賞与原資が従来どおりであった場合、賞与支給額が減少します。しかし、減少額が大きいことが要因で基準額方式やポイント方式の賞与の導入を断念するということでは、いつまでたっても年功的な要素を賞与制度から取り除くことができません。

　こうした状況のときに、例えば全支給額の50％は基準額方式やポイント方式とし、残りの50％は算定基礎額連動方式を維持する、というように、部分的に基準額方式やポイント方式を導入することも考えられます。また、第1段階としては管理職層に基準額方式やポイント方式を導入して、数年後に非管理職にも導入するなど、階層別に導入時期を分けるという方法も考えられます。

　ほかにも、同一等級内に基準額方式の基準額やポイント制方式のポイントを複数設けておくことで、新制度への移行の影響度合いを緩和するという方法が考えられます。

Q2　基準額方式の基準額やポイント方式のポイントを基本給ベースで設計すると、役職等の実際の職務に基づいた賞与差が生まれないのではないでしょうか？

> A　基本給が年功的な色彩が強い等、実際の職務に応じた賃金と
> なっていない場合、質問のとおり実際の職務に基づいた賞与差が
> 生まれないことから、基準額方式の基準額やポイント方式のポイ
> ントに役職等の実際の職務に応じた加算を行うことがあります。

　基本給に加えて役職手当など実際の職務に応じた賃金を支給している
場合に、基本給のみをベースに基準額やポイントを設計すると、役職等
の実際の職務に基づいた賞与差が発生しません。そのため、基準額方式
の基準額に「役職手当額」を加算することもあります。

　また、ポイント方式については、等級ポイントに加えて役職に応じた
「役職ポイント」を加算することがあります。このように基準額やポイ
ントの要素を等級だけでなく、役職の意味合いを取り入れることで、役職
に応じた賞与を支給することが可能です。

[2]評価に応じた賞与支給に向けた工夫

> Q3　5段階程度（S・A・B・C・D）の評価ランクを起点に賞
> 　　与を支給していくには、従業員のパフォーマンスに対してきめ
> 　　細かに処遇していく点で限界を感じています。具体的には、S
> 　　とAの賞与差が大きくなり過ぎて、Sをつけることができなく
> 　　なる等の問題があります。何かよい方法はないでしょうか？
> A　①評価ランクの段階数を増やす方法、②所属長に賞与原資の一
> 　　部を渡し、所属長の裁量で支給額を決定する方法があります。

　評価をランクづけする以上、いずれかのランクにせざるを得ません。
そのときに、「B」の中には、“Cにはできないが、Cに近いB”や、“A
にはできないが、Aに近いB”の従業員が混在することになります。

　このとき、“Cに近いB”や“Aに近いB”が、明らかにBとは働きぶ
りが異なるようであれば、「B⁺」や「B⁻」といったように評価ランク

の段階数を増やすという手段が考えられます。しかしながらその方法は、段階数を増やすほどランクの境界線があいまいになり、周囲から見ると働きぶりには差がないにもかかわらず、評価ランクが違うということになりかねません。そのため、評価ランクの段階数を増やすにも限界があります。また、従業員のすべての活動が評価制度で整備した評価項目や基準で評価しきれているとも限りません。

こうした状況から、所属長に賞与原資の一定割合を渡し、所属長の裁量で賞与を配分するという方法が採られるケースがあります。この仕組みを取り入れると、例えば「評価基準に記載している以外に評価すべき特別な取り組みがあったとき」や「評価基準で評価するとAに近いBとなるが、同様の評価ランクの他の従業員よりも所属長としては評価したい取り組みがあったとき」に、所属長判断で追加的に賞与を配分することが可能です。ただし、この方法を採る場合は"所属長が恣意的に賞与を決めているのではないか"と従業員に不満を抱かせる可能性が高まります。そのため、所属長が追加的に賞与を配布する「特別な取り組み」や「評価すべき取り組み」は何であったのかを明確に説明できる必要があります。

9　非正規社員の賃金制度改定

ここまで、基本的には正社員の賃金制度を念頭に置いて解説してきました。ここからは非正規社員の賃金制度改定について解説します。

賃金制度設計の基本的な考え方は、正社員や非正規社員といった雇用区分にかかわらず、これまで解説したとおりです。正社員と非正規社員の違いでいえば、非正規社員は「正社員が担うにはコストが高い難易度の低い業務や、一時的な繁忙時期の業務を担う」「さまざまな事情からフルタイムが困難であったり、職場を限定せざるを得ない」といった事

情から、「労働契約期間」「職務の内容」「職務の内容・配置の変更の範囲」を限定した雇用区分としていることが多くあるでしょう。また、正社員と比較して賃金水準を低く設定していることも多いため、最低賃金の影響を受けやすいという留意点もあります。

　ここでは、非正規社員の賃金制度設計の特徴として、①「職務の内容」「職務の内容・配置の変更の範囲」を限定した雇用区分である、②最低賃金の影響を受けやすい——という2点を踏まえた解説をします。

[1]「職務の内容」「職務の内容・配置の変更の範囲」を限定した雇用区分である

　考え方としては、「職務の内容」「職務の内容・配置の変更の範囲」が限定的であればあるほど、賃金水準は正社員と比して抑制的になります。

　抑制的というと、「これでは非正規社員の活躍を想定していないではないか」「もっと活躍を促すような制度とすべきではないか」と疑問に思うでしょう。疑問はもっともですが、活躍を促す仕組みとするには、特に「職務の内容」「職務の内容・配置の変更の範囲」について、現在想定しているものより拡大する必要があります。その場合、非正規社員の「職務の内容」「職務の内容・配置の変更の範囲」が、正社員のものに近づきますので、賃金水準についてもそれだけ正社員の水準に近づくことになります。

　特に、第2章で解説したとおり、同一労働同一賃金の観点から、「職務の内容」「職務の内容・配置の変更の範囲」が同一であれば、均等待遇規定が適用となりますので、賃金も正社員と同一とするべきです。賃金をはじめとしたその他の待遇を引き上げずに、「職務の内容」や「職務の内容・配置の変更の範囲」だけ拡大するような都合のよい話はありません。非正規社員の賃金制度については、そういったことを考慮した上で、設計する必要があります。

　そのため、設計に当たっては、いきなり基本給、手当、賞与を検討し

始めるのではなく、「職務の内容」や「職務の内容・配置の変更の範囲」を正社員との比較の観点で整理してから、賃金を検討するとよいでしょう。

[2]最低賃金の影響を受けやすい

非正規社員は「職務の内容」「職務の内容・配置の変更の範囲」を限定しているが故に、賃金水準が低く、最低賃金の影響を受けやすい雇用区分です。そこで、本項では、最低賃金に対応した賃金の引き上げ方について解説します。

近年、最低賃金はこれまでにないペースで上昇しています。2023年10月には、全国加重平均で前年比＋43円となり、初めて1000円を超え1004円となりました。月間の労働時間を160時間とすると、月額6800円以上の上昇です。

この最低賃金への対応方法は、理想的にはベースアップですが、上昇幅が大きいため全従業員の水準を引き上げるのは現実的ではないでしょ

[図表4-37] 最低賃金の上昇に伴う調整のイメージ

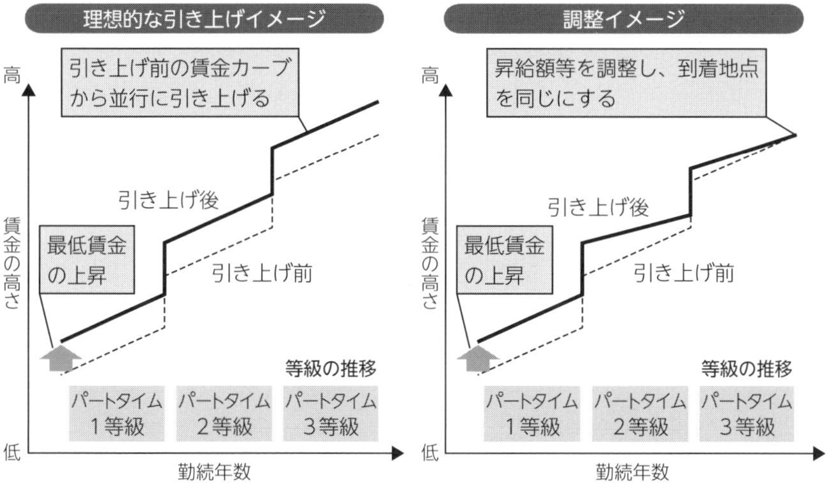

う。そのため、引き上げ方法としては、最低賃金を下回る在籍者について引き上げつつ、引き上げ後の昇給の傾き（昇給額等）を調整し、到着地点を同じにすることで、バランスを取る方法が考えられます［**図表4-37**］。

10　人件費の試算

　基本給、諸手当、賞与に関して設計すると、賃金制度の改定により、人件費がどの程度増減するかの試算が可能になります。

　賃金項目別、等級別に増減額を試算し、増減額が想定の範囲内に収まっているかを確認するとよいでしょう。この増減額には、①賃金制度が新しくなったときに人件費がいくら増加するか——といった「制度移行時の試算」と、②賃金制度が新しくなって中長期的に人件費がどうなっていくのか——といった「制度移行後の試算」の両面があります。それぞれについて、試算の方法を解説します。

[1]制度移行時の試算

　制度移行時には、個々の従業員が現行制度から新制度に移行するときに、全体としていくら人件費が増減するのかを試算します。試算に当たっては、基本給や手当額が増加すると超過勤務手当にも影響しますので、想定される時間外労働分も反映しておくようにしましょう。加えて法定福利費も増えることになります。法定福利費は、おおむね基本給、諸手当、賞与の16％程度が目安となります。試算を踏まえて、人材確保・定着を強化したいと考えていた対象層の賃金水準が上昇するかを確認しておきましょう。

　ここからは、賃金項目の中でも年収に占める割合が高い基本給について、新制度への移行時の考え方を解説していきます。

[図表4-38] 移行時の基本給の試算のイメージ

等級	上限超過者			上限・下限内		下限未達者			1人当たり	
	人数	人数の割合	超過額	人数	人数の割合	人数	人数の割合	未達額	上限超過額	下限未達額
7等級	XX	XX%	XX	XX	XX%	XX	XX%	XX	XX	XX
6等級	XX	XX%	XX	XX	XX%	XX	XX%	XX	XX	XX
5等級	XX	XX%	XX	XX	XX%	XX	XX%	XX	XX	XX
4等級	XX	XX%	XX	XX	XX%	XX	XX%	XX	XX	XX
3等級	XX	XX%	XX	XX	XX%	XX	XX%	XX	XX	XX
2等級	XX	XX%	XX	XX	XX%	XX	XX%	XX	XX	XX
1等級	XX	XX%	XX	XX	XX%	XX	XX%	XX	XX	XX
合計	XX	XX%	XX	XX	XX%	XX	XX%	XX	XX	XX

- ■ 調整給を支給して、新制度への移行時は減額しないようにすることが一般的（人件費は減らない）
- ■ 人数や割合が多過ぎると、従業員からの不満が大きくなるため、新制度への移行難易度は高まる

- ■ 未達額分を引き上げる処理をするのが一般的（人件費が上昇する＝基本給の移行時に追加でかかる人件費）
- ■ 人数や割合が多いと、従業員からは前向きに新制度を受け止められやすいため、移行難易度は低くなる

　基本給の移行としてまずは、従業員の基本給の額を新制度の基本給の上限・下限に当てはめます[図表4-38]。具体的な方法としては、①上限と下限に収まる従業員の移行、②下限に未達である従業員の移行、③上限を超過する従業員の移行の3パターンがあります。

(1)上限と下限に収まる従業員の移行

　上限と下限に収まる従業員に関しては、定期昇給を昇給額テーブル方式とする場合、新制度の基本給は移行前と同額となるのが原則です[図表4-39]。

　一方、段階号俸表、複数賃率、シングルレートの洗い替えを用いる場合は、移行前の基本給を新制度の設定額に当てはめる必要があるため、新制度の基本給は、移行前の金額と差異が出ることが通常です。この当てはめ方を、以下解説します。

第4章　どのように賃金制度の設計を進めるか

[図表4-39] 上限と下限に収まるとき（昇給額テーブル方式の場合）

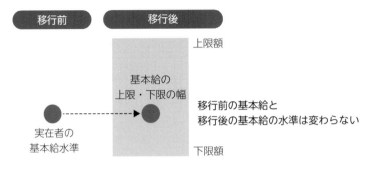

移行前の基本給と
移行後の基本給の水準は変わらない

[図表4-40] 上限と下限に収まるとき（段階号俸表の場合）

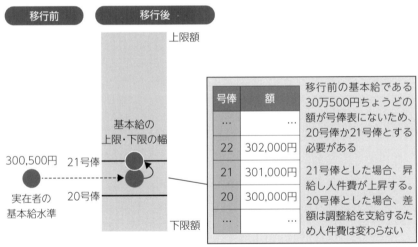

号俸	額
…	…
22	302,000円
21	301,000円
20	300,000円
…	…

移行前の基本給である30万500円ちょうどの額が号俸表にないため、20号俸か21号俸とする必要がある

21号俸とした場合、昇給し人件費が上昇する。20号俸とした場合、差額は調整給を支給するため人件費は変わらない

※段階号俸表は一般的には昇順であるが、グラフに合わせて降順としている

①段階号俸表、複数賃率表への移行

　段階号俸表、複数賃率表は、直近上位の設定額とするケースが一般的ですが、移行に際して引き上げ費用をかけたくない場合は直近下位の設定額とした上で、調整給を支給することがあります。この調整給は、翌年度の昇給時に解消します [図表4-40]。

②シングルレートの洗い替えへの移行

シングルレートの洗い替えの場合は、基本給を直近上位の設定額とするケースや直近下位の設定額として調整給を支給するケース、基本給を標準評価であるＢ評価の額とした上で移行前の基本給がＢ評価の額を上回る場合は、調整給を支給するケースなどさまざまです。

このとき、「直近上位の設定額に移行しておけば、基本給が上昇するのだから問題ないのではないか」と思われるかもしれませんが、シングルレートの洗い替えの場合、そうはいきません。毎年の評価によって基本給がリセットされますので、直近上位の額がＡ評価（高評価）に該当したときに、翌年にＢ評価（標準評価）を取れば、元の基本給を下回ることになります。また、例えば職能資格制度から職務等級制度へ移行する企業であれば、これまで職能給の性質で積み上げてきた基本給が、賃金制度の仕組みが変わったことを機に下がり得るということは、従業員にとって納得し難い部分があるかもしれません。

シングルレートの洗い替えは、メリハリのある仕組みであることから、管理職層に適用されるケースが多くあります。現行制度でよほど年功的な賃金制度の運用をしていない限り、管理職層にまで昇格している従業員は能力や担う役割・職務のレベルが高く、経営上も重要な従業員のはずです。そのため、経営層としても新制度への移行に関しては慎重に行いたいと考えるはずです。そのような事情から、移行時の基本給は標準評価であるＢ評価を基準として調整給を支給し、昇格または移行前の水準を上回らない場合には調整給を支給し続けるといった緩和施策を採ることがあります ［図表４-41］。

(2)下限に未達である従業員の移行

新制度の基本給の上限・下限を現行制度の基本給に当てはめてみると、現行制度の基本給が新制度の基本給の下限額に未達である従業員が発生します。この下限額に未達であった場合、原則として新制度の基本給は下限額まで引き上げます。この引き上げのための金額が新制度への移行

[図表4-41] 上限と下限に収まるとき（シングルレートの洗い替えの場合）

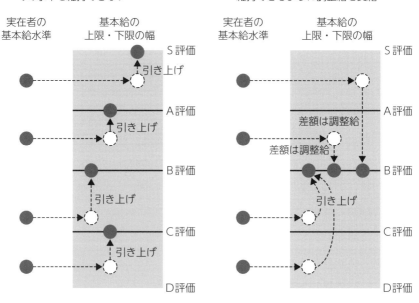

[図表4-42] 下限未達と上限超過の取り扱いと人件費への影響

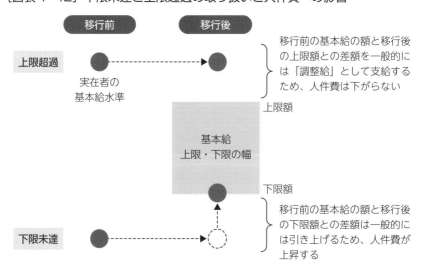

にかかる費用となります［図表4-42］。

　なお、この下限額が目指す水準について、現在の設定額と比して高過ぎるといった場合は、段階的に下限額を引き上げていくことも考えられます。この場合、後から昇格した者が下限額に到達していない当該等級の従業員を追い抜かないように、後から昇格した者にも段階的な下限額を適用します［図表4-43］。

(3) 上限を超過する従業員の移行

　新制度の基本給の上限・下限を現行制度の基本給に当てはめてみると、現行制度の基本給が新制度の基本給の上限額を上回る従業員が出てくることがあります。上限額を超過した場合、新制度の基本給はその上限額まで引き下げることとなりますが、それでは基本給が現行制度から減額になってしまいます。そこで、不利益の程度を緩和するため、激変

［図表4-43］基本給の段階的な下限額の引き上げ（イメージ）

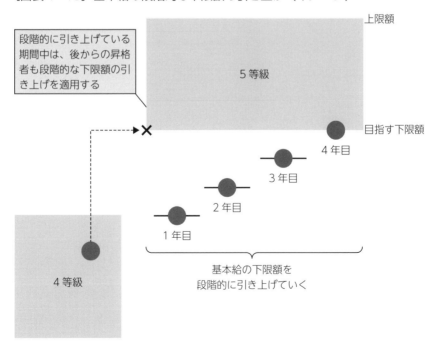

段階的に引き上げている期間中は、後からの昇格者も段階的な下限額の引き上げを適用する

5等級

上限額

目指す下限額

4年目

3年目

2年目

1年目

4等級

基本給の下限額を段階的に引き上げていく

緩和措置として調整給を支給し、複数年かけて減額していくことが一般的です。

　しかし、人件費の観点では、少なくとも新制度の導入初期は調整給を満額支給するため抑制にはなりません。制度移行時に下限未達額分は人件費が上昇する一方で、上限超過額分の調整給は支給することになるので、制度移行時には人件費が減少しないという点についてご注意ください（前掲［図表4-42］参照）。

　ここまで、制度移行時の試算について解説しました。改めて、移行時の基本給の増減をまとめると次のとおりになります。

上限と下限に収まる従業員の移行	段階号俸表、複数賃率表、シングルレートの洗い替えで設定している現行制度の基本給を、新制度の基本給に当てはめるときに引き上げる場合は、人件費が上昇する
下限に未達である従業員の移行	新制度の基本給の下限に未達だった場合、基本給の下限まで引き上げるため、人件費が上昇する
上限を超過する従業員の移行	新制度の基本給の上限を超過した場合、一般的には調整給を支給するため、少なくとも新制度導入初期は人件費が減少しない

［2］制度移行後の試算

　制度移行後の試算は、中長期の人件費動向を確認するものになります。人件費は、「単価（1人当たりの人件費）×要員数」にて構成されます。制度移行後から中期経営計画に合わせて3～5年、もしくは要員構成の変化も確認したいのであれば10年以上の期間で試算します。

　この場合の「単価（1人当たりの人件費）」と「要員数」に影響する主たる変数を次のとおり示しておきますので、試算の参考としてください。

単価 （1人当たりの 人件費）	・等級別の総単価＝月例給＋賞与＋法定福利費 ・等級別の月例給＝基本給＋超過勤務手当を含む 　諸手当 ・等級別の賞与＝算定基礎額×支給月数
要員数	・総 要 員 数＝試算を開始するときの人数＋採用数 　－自己都合退職 ・内訳の変化＝試算を開始するときの等級別の人数 　＋下位等級からの昇格数－上位等級への昇格数－ 　下位等級への降格数

　こういった中長期の人件費の動向は、特に経営層から試算を求められることが多くあります。要望の意図としては、「現行制度と比較して、新制度は中長期的に見て人件費がどの程度上昇し得るのか。また、それだけ上昇しても大丈夫なのか」を大局的な視点から確認しておきたいということです。しかしながら、人件費の動向は、制度移行時の人件費試算と異なり、先ほど解説したとおり変数が多い上に、賃金制度は1人当たりの人件費に影響する一要素にすぎません。

　要員数の前提が異なれば人件費試算の結果は変わってきますし、試算期間が長期になればなるほど、現実との乖離は大きくなります。こうした事情から、中長期の人件費試算は慎重に取り組む必要があります。「新制度だと中長期的に人件費が増加する試算となっているが、本当にこの新制度にして大丈夫なのか」と、かえって新制度導入の意思決定を鈍らせかねないことから、人件費増加の影響が新制度の導入によるものとそのほかの要素によるものとを分けて試算する必要があります。

　したがって、最低限の試算としては「①現行制度の成り行きの人件費」と「②新制度の人件費（要員数は現行制度の成り行きと同じ）」を比較するとよいでしょう。その上で、経営層の関心は、「中長期的に人件費が増加する場合にかじ取りができるのか？」という点ですから、人件費が中長期的に上昇していく場合の緩和策を想定しておくとよいでしょう。

具体的には、次のようなイメージになります。まず②から①を引くことで、新制度によりどの程度人件費が上昇するかが分かります。しかしこれだけだと、今後中長期的に人件費が上昇していく見込みになっている場合に、「そもそも新制度を導入することは正しいのか」「先に打つ手があるのではないか」という議論に陥りがちです。経営層が人件費の増加を投資判断として意思決定するためには、賞与支給月数や採用数等の変数を調整するパターンとして「③新制度の人件費において変数の調整を行う」パターンも用意しておきます。そうすることで、新制度の影響により人件費が仮に増加したとしても、人事制度の運用の中で一定程度コントロールしていけることを示すことができます。人件費が増加する新制度の導入を、経営層としても意思決定しやすくなるでしょう。

11　人件費の捻出に向けた考え方

　賃金制度を検討していくと、前述のとおり新制度の基本給の下限に未達である従業員を下限まで引き上げる等により、人件費が上昇することがあります。これまで賃金制度の改定といえば、「年功から成果主義へ」をキーワードにローパフォーマーの賃金の上昇幅を抑制し、ハイパフォーマーの上昇幅を増加させる──といったケースに代表されるように、旧制度と新制度の人件費の総額を同等とする方法が中心でした。しかし、昨今の流れとしては、物価の上昇や人手不足といった課題もあり、人件費の上昇を前提として検討を進めていくことが多くあります。とはいえ、不必要な人件費増については避けたいという経営層の意向もあります。ここでは、人件費の捻出に向けた考え方について解説します。

　本書で解説してきたような手順で賃金制度の改定を進めて結果として人件費がアップするような場合、経営戦略上の重要領域をけん引する職種や階層の引き上げとなるため、本来的には事業の競争力向上に向けた

「投資」として位置づけられるはずです。そのため、増えた人件費分をどこから捻出するのかといった議論をする前に、経営層が“この投資をすれば狙いどおりに経営戦略が実行できそうか？”を判断する、「投資判断」を行うことが理想的です。

　その上で過剰投資と判断するならば、引き上げ額の縮小やその他の費用の捻出策を検討する必要があります。

　人件費の捻出に当たっては、サービスや製品への価格転嫁、働き方改革やDXの推進等による効率化を行うことが理想ですが、これらはプランニングしてから効果が出るまで時間がかかりますし、その効果も期待どおりにいくとも限りません。価格転嫁や、働き方改革やDXの推進等による効率化といった施策の実行を人件費の捻出施策の前提としてしまうと、“価格転嫁や効率化施策が進まなければ賃金の引き上げもできない”という判断になりかねません。

　そうなると、可能な限り確実性が高い人件費の捻出施策を用意しておくのがよいでしょう。その際、必要性の低い手当の廃止や、役割等級制度や職務等級制度等の仕事軸での人事制度の導入による賃金水準の最適化などを既に進めている場合であれば、賞与からの捻出を検討することも考えられます。

　もっとも、「賞与から捻出をする方法では、年収単位では引き上がっていないのではないか」という疑問が湧くと思います。しかし、業績に応じて支給されなくなる可能性のある賞与に対して、基本給や各種手当は毎月支給され続けるものです。そのため、仮に賞与が減る結果となったとしても、基本給や各種手当を増やしたほうが、従業員にとってはメリットが大きいはずです。また、多くの企業では賞与は業績に応じて増減するものであり、仮に人件費の上昇が利益を圧迫する結果となった場合は、賞与が減少することもあるでしょう。一方、投資の成果が表れ、人件費がアップした分、従業員が頑張って業績も伴えば、賞与は業績なりに支給され、年収単位でも引き上がると考えることができます。

12　制度改定時の留意事項

　この項では、賃金制度改定時の留意事項について、改定前後に人事部が中心となって取り組むべきことを中心に解説します。

[1]就業規則に対する労働者からの意見聴取

　使用者は、就業規則の作成または変更に当たって、労働者の過半数で組織する労働組合または労働者の過半数を代表する者（労働者代表者）に意見を聴取する必要があります。意見聴取は、労働基準法90条で定められていますので、必ず行わなければなりません。聴取後、改定した就業規則は、意見書とともに労働基準監督署へ提出することが必要です。

[2]従業員への新賃金制度の説明会の開催

　賃金制度の改定内容を従業員へ説明します。説明に際して意識すべきことは、「従業員に極力参加してもらうこと」「疑問を解消できる場であること」「改定内容が分かりやすいこと」の三つです。

(1)従業員に極力参加してもらうこと

　賃金制度の改定の説明会について、従来は集合形式で開催していましたが、最近ではオンライン形式で開催するという方法や、説明内容を録画しておき業務中の自由なタイミングで視聴するという方法も増えています。従業員が参加しやすい方法を選択するとよいでしょう。説明会の内容を聞いていないということがないように、参加履歴を管理しておき、不参加の従業員に関してはリマインドするなど参加を促しましょう。

(2)疑問を解消できる場であること

　一方的に説明せず、質問を受け付けて疑問を解消する機会を設けることが重要でしょう。質問に関しては、説明会のたびに受け付け、疑問を即時に解消する観点からその場で回答することが望ましいところです。

しかし、説明会を各地で並行して開催したり、説明者が複数名いたりする場合、また、会社としての見解をまとめてから回答したいような場合は、問い合わせ窓口を設けて、説明会開催後に類似質問を集約の上、Q＆Aとして従業員に公開するといった方法もあります。

(3)改定内容が分かりやすいこと

　説明内容が賃金制度の中身だけだと、単に賃金の支払い方法と受け止められ、従業員の興味は「自分がいくらもらえるのか」に終始してしまいます。従業員の理解と納得を得た上で、賃金制度の改定がモチベーションアップにつながるように、賃金制度の内容だけでなく改定の背景や狙いも含めて説明するようにしましょう。このとき、変更箇所が多岐にわたるようであれば、変更点は新旧対照表として一覧化しておくと分かりやすくなります。

[3]新賃金の通知書の作成・配布

　制度改定前後の賃金を項目別に明示し、どのように金額が変化したのかが分かるように通知書を作成します。賃金制度の改定のタイミングは、一般的には定期昇給や昇格のタイミングで行います。そのため、現行制度で最後となる昇降給を反映後、新制度に移行するという考え方となります。そこで、現行制度で最後となる昇降給の経緯が分かるように、賃金の通知書は、「現行制度の昇降給前」「現行制度の昇降給反映後」「新制度」の三つの賃金について賃金項目別に金額を記載し、従業員に配布しましょう。

[4]労働条件の不利益変更

　賃金制度の改定に関しては、しばしば「不利益変更」が伴います。不利益変更は、あらゆる労働条件を変更する際に生じる可能性がありますが、賃金に関しては従業員の強い関心事項となりますので、特に慎重な対応が必要です。賃金制度を検討する中で、不利益変更の可能性がある

場合には、弁護士に相談しながら進めていくことをお勧めします。

　賃金制度改定でよくある不利益変更は、基本給の上限の変更に際し、これまで支払っていた基本給額では新制度の基本給の上限を超過してしまうため、新制度の上限に収まるように減額するというものです。こうした場合、よくあるケースでは激変緩和措置として、これまでの基本給の額と新制度の基本給の上限との差額を調整給として支給し、複数年かけて調整給を減額していきます。

　このように書くと「調整給を支給していれば不利益変更をしても問題ない」と考えがちですが、そのような単純なものではありません。

　不利益変更を理解する上では、労働契約法8〜10条、労働組合がある場合は労働組合法16条を確認することが必要です。

【労働契約法】

　（労働契約の内容の変更）

第8条　労働者及び使用者は、その合意により、労働契約の内容である労働条件を変更することができる。

　（就業規則による労働契約の内容の変更）

第9条　使用者は、労働者と合意することなく、就業規則を変更することにより、労働者の不利益に労働契約の内容である労働条件を変更することはできない。ただし、次条の場合は、この限りでない。

第10条　使用者が就業規則の変更により労働条件を変更する場合において、変更後の就業規則を労働者に周知させ、かつ、就業規則の変更が、労働者の受ける不利益の程度、労働条件の変更の必要性、変更後の就業規則の内容の相当性、労働組合等との交渉の状況その他の就業規則の変更に係る事情に照らして合理的なものであるときは、労働契約の内容である労働条件は、当該変更後の就業規則に定めるところによるものとする。ただし、労働契約に

おいて、労働者及び使用者が就業規則の変更によっては変更され
ない労働条件として合意していた部分については、第12条に該当
する場合を除き、この限りでない。

【労働組合法】

(基準の効力)

第16条　労働協約に定める労働条件その他の労働者の待遇に関する
基準に違反する労働契約の部分は、無効とする。この場合におい
て無効となつた部分は、基準の定めるところによる。労働契約に
定がない部分についても、同様とする。

　条文についてポイントを解説していくと、労働契約法8条では、労働
条件を双方の合意によって変更できると定めています。加えて、9条お
よび10条では、労働条件は、原則労働者と合意なく就業規則の変更に
よって労働者の不利益に変更することはできないとした上で、変更後の
就業規則を労働者に周知させ、かつ次の内容が合理的であれば、可能で
あるとしています。

・労働者の受ける不利益の程度

・労働条件の変更の必要性

・変更後の就業規則の内容の相当性

・労働組合等との交渉の状況

・その他の就業規則の変更に係る事情

　一方、労働組合がある場合は、労働組合法16条により労働協約で変更
後の労働条件の内容を締結できれば、労働協約で定めた労働条件が組合
員に適用されるという旨が定められています。

　これらを踏まえると、実務的には、労働組合があれば労働協約の変更
を行い、労働組合がなければ、個別の合意もしくは就業規則の改定を目
指します。個別の合意と就業規則の改定のいずれをとるべきかですが、
不利益変更するわけですから従業員に丁寧に対応するという意味で個別

の合意を取り付けていくべきでしょう。しかし、現実的に個別の合意を取り付けることが難しい場合や労働契約法10条の要件に照らして合理的な変更であると判断できるような場合は、就業規則の改定により不利益変更を目指すことになります。就業規則の改定により不利益変更が生じる場合は、労働契約法10条を踏まえ、「労働者の受ける不利益の程度」「労働条件の変更の必要性」「変更後の就業規則の内容の相当性」「労働組合等との交渉の状況」「その他の就業規則の変更に係る事情」に照らして合理的な変更であるか否かに注意して進めることになります。

　なお、不利益変更に際してよくある質問として、「当社に労働組合はない。労働組合の代わりに就業規則の変更に際して労働者代表に意見聴取したので不利益変更も可能か」というものがあります。労働者代表は労働組合ではありませんので、労働者代表に意見聴取をしたからといって不利益変更が有効となるわけではありません。労働組合がない場合は上記の解説のとおり、個別の同意か就業規則の変更が求められます。就業規則の変更による場合は、上記の事情に照らして合理的に行うことが必要です。

　以上、ここでは労働条件の不利益変更について基本的な考え方を整理しましたが、いずれにせよ賃金制度を検討する場合は、必要に応じて、弁護士に相談しながら慎重に進めることを推奨します。

[5]給与計算システムの変更

　給与計算システムは、すぐに変更できるものではありません。賃金制度を改定し運用を開始する時点に対し、いつ頃から給与計算システムの変更作業を開始すれば導入に間に合うのかを、システムベンダーに確認しておきましょう。ベンダー側で要員の確保ができないこともあり、想定した時期に給与計算システムの変更作業が間に合わないことも考えられます。早めにシステムベンダーに相談しておくのがよいでしょう。

以上、賃金制度改定時の留意事項（就業規則に対する労働者からの意見聴取、従業員への新賃金制度の説明会の開催、新賃金の通知書の作成・配布、労働条件の不利益変更、給与計算システムの変更）について解説しました。ポイントは、経営層や従業員等の関係者とよく話し合い、納得感を引き出しながら物事を前に進めるということに尽きます。賃金制度改定の目的は、改定そのものではなく、関係者の理解を得て、改定を通じて会社をよりよくしていくことです。関係者の納得が得られないようであれば、改定の時期を見直すことも視野に入れて、丁寧にコミュニケーションを取っていきましょう。

第 **5** 章

どのように
賃金制度を運用するか

1 賃金制度の運用ルール

2 運用上よく見られる問題

1 賃金制度の運用ルール

[1] 1年間の運用スケジュール

　賃金制度では、主に定期昇給、昇格や降格に伴う昇給や降給、賞与の算定に関する運用ルールを定めます。一般的な1年間の流れを［**図表5-1**］に整理しました。

　定期昇給は、一般的には4月に行います。ただし、評価の時期を考慮すると6月や7月ごろに後ろ倒しすることもあります。賃金制度や評価制度の改定に伴って、定期昇給の時期を4月から7月にずらす場合は、4月、5月、6月分の昇給額が反映されていないため、7月の昇給時に4月へさかのぼって、3カ月分の昇給額を上乗せして支給するとよいでしょう。

［図表5-1］賃金制度の1年間の運用イメージ

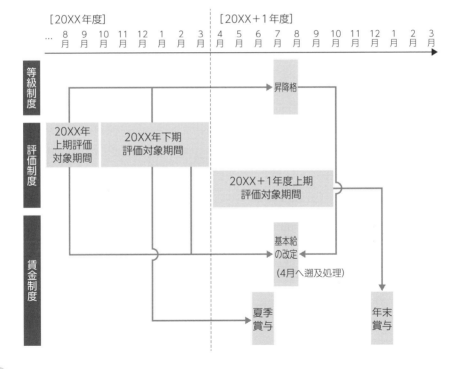

[2]定期昇給と昇格昇給の運用

(1)定期昇給

　定期昇給に関しては、評価、年齢、勤続年数などの一定の基準に基づき昇降給額を決定します。評価により昇降給額を決定する場合、評価期間、昇給時期、昇給対象などの観点で運用ルールを整理します。昇給対象の観点では、評価期間の途中で入社してきた従業員の取り扱いや評価期間の途中で休職になった従業員の取り扱い等を定めておきましょう。例えば、次のようなイメージです。

評価期間	4月〜翌年3月末
昇給時期	翌年7月
昇給対象	昇給時期に在籍し、評価期間中6カ月以上勤務した従業員

　なお、基本給が当該等級に設定している範囲の上限付近であれば、昇格しない限りは定めた上限額までしか昇給しませんので、満額の昇給額に満たないことがあります。当該等級の上限額を超過しないように注意しましょう。

(2)昇格昇給

　昇格時の昇給の考え方ですが、一般的には定期昇給した後に昇格し、昇格後の等級の基本給に設定している上限・下限が適用されます。これは昇格前の等級での働きを評価して昇給した後、昇格後の等級での基本給を決定するものと整理しておくと理解しやすいでしょう。企業によって、昇格昇給を設定している場合と設定していない場合があるため、運用ルールの一例を［図表5-2］のとおり示しますので参考としてください。

　昇格昇給を設定している場合は、「昇格前基本給＋定期昇給＋昇格昇給＝昇格後の基本給」となります。一方、昇格昇給を設定していないときは、「昇格前基本給＋定期昇給＋飛びつき昇給＝昇格後の基本給」となります。「飛びつき昇給」とは、昇格前基本給＋定期昇給の額が昇格後の等

[図表5-2] 昇降格時の基本給の昇降給の運用

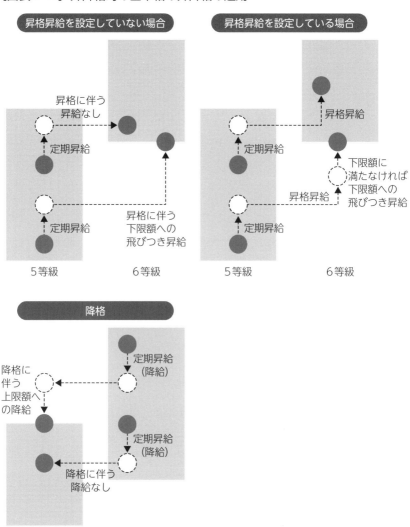

級の下限額に満たないときに、下限額まで引き上げた額です。そのため、昇格前基本給＋定期昇給の額が昇格後の等級の基本給に設定している下限額を上回っている場合は、昇格前基本給＋定期昇給の額がそのまま昇格後の基本給となります。

(3)降格降給

　降格時の降給ですが、降格後の等級の基本給に設定している上限額を降格前の基本給が上回っている場合は、下位等級の上限額まで降給するのが原則です。ただし、減額幅が大きい場合、調整給を支給して時間をかけて調整していくこともあります。

　一方、降格後の等級の基本給に設定している上限額を降格前の基本給が下回っている場合は、降格するものの、基本給を減額しないことが一般的です。ただし、降格に伴い役職を外れるような場合は、役職手当の支給対象外となり、役職手当分の賃金が減額となります。

[3]賞与の運用

　賞与に関しては、評価期間、支給対象者、出勤率による調整などの観点で運用ルールを整理します。例えば、次のようなイメージです。

評価期間	・前年10月～当年3月末の評価は、当年6月の賞与に反映 ・当年4～9月末の評価は、12月の賞与に反映
支給対象者	・評価期間に勤務しており支給日に在籍している者
出勤率による調整	・欠勤した場合は、日数に応じて賞与を減額する

　このように評価期間を整理しておくことで、例えば、5月に極めてよい成果を上げた従業員がいたときに、6月支給の賞与には反映されないものの、その成果については12月の賞与で報いるということが従業員に対して明確に説明できます。

　なお、上記のルールの「評価期間に勤務しており支給日に在籍している者」でいくと、4月入社の新卒入社者や4月以降の中途採用者には、6月の賞与は「支給しない」ということになりますが、この点は会社のスタンスによって特別な取り扱いとすることもあります。支給の有無については、誤解がないように条件を定めておきましょう。

2　運用上よく見られる問題

　運用上よく見られる問題としては、降格や異動に伴い基本給や手当の減額が発生することをきっかけに、従業員のモチベーションが悪化し、ひいては不満を持つようになって労使間でトラブルとなるといったことがあります。

　こうしたトラブルを防ぐためには、「規程や規則に減額の根拠となる条文を定める」「定めた条文を従業員に広く周知する」「運用に際しては合理的な降格や異動を行う」ことが重要です。

[1]規程や規則に減額の根拠となる条文を定める

　就業規則に、「降格や異動（職務の変更や転居を伴う異動）の可能性があること」と「基本給の上限・下限や手当の額」を記載し、減額の可能性があることを明確化しましょう。

　「基本給の上限・下限や手当のテーブルは、従業員には非開示にしておいてよいか？」と質問を受けることがよくありますが、開示することをお勧めします。これは、開示をしていないと、議論を重ねて設計した基本給の上限・下限や手当のテーブルを従業員に対して適用したことにならない可能性が出てくるためです。このように書くと、「昇給や賞与の額は毎年の業績や労働組合との交渉によって決まるが、具体的な額を開示しなければならないのか？」といった疑問が生じるかと思います。例えば、昇給額のように毎年変わり得る性質のものは、厚生労働省の「モデル就業規則」（令和5年7月版）にも記載のあるとおり、昇給の時期等の条件を記載しておくとよいでしょう。なお、このモデル就業規則は昇給について例示していますが、評価次第で降給することも想定するのであれば、その旨を就業規則に定めておく必要があります。

> （昇給）
>
> 第49条　昇給は、勤務成績その他が良好な労働者について、毎年
> ＿＿月＿＿日をもって行うものとする。ただし、会社の業績の著しい
> 低下その他やむを得ない事由がある場合は、行わないことがある。
>
> 2　顕著な業績が認められた労働者については、前項の規定にかか
> わらず昇給を行うことがある。
>
> 3　昇給額は、労働者の勤務成績等を考慮して各人ごとに決定する。

　話が少しそれましたが、降格や異動に伴い基本給や手当の減額を想定する場合、就業規則には「降格や異動が会社都合であり得ること」を盛り込んだ上で、「降格や異動が発生した場合の減額の影響が分かる」ようにしておかなければなりません。従業員の立場で考えてみれば分かると思いますが、「異動があると思っていない」「地域手当の支給額テーブルを見たことがない」状態で、転居を伴う異動命令により地域手当が月額1万円下がった場合、納得し難いでしょう。従業員の納得感のためにも、規程や規則に減額の根拠となる条文を定めておくことが重要となります。

［2］定めた条文を従業員に広く周知する

　就業規則は、作成するだけでは効力を発揮しません。従業員に周知しましょう。そもそも労働基準法106条において、周知義務がありますので、必ず実施しなくてはなりません。周知の方法は、次のとおりです。

> ①　常時各作業場の見やすい場所に掲示する、または備え付ける
> ②　書面で労働者に交付する
> ③　磁気テープ、磁気ディスクその他これらに準ずる物に記録し、
> かつ、各作業場に労働者が当該記録の内容を常時確認できる機器
> を設置する

資料出所：厚生労働省【リーフレットシリーズ労基法89条】「就業規則を作成しましょう」

また、就業規則は文字量が多く、賃金以外の労働条件に関わることも幅広く記載されているものの、賃金制度の内容を深く理解するには不向きですし、賃金制度の目的や背景について多くは触れていません。人事制度ハンドブックや賃金制度ハンドブックとして、従業員が理解しやすいように説明資料を準備することも有効です。

[3]運用に際しては合理的な降格や異動を行う

「規程や規則に減額の根拠となる条文を定める」「定めた条文を従業員に広く周知する」の前提ができてはじめて、降格や異動に伴う賃金の減額が可能となります。しかし、運用に際して「権利の濫用」に当たらないかの注意が必要です。つまり、規程や規則に根拠となる条文があり、それを従業員に周知しているため降格や異動は実行可能な状態にあっても、限度を超えてむやみに適用してはならないということです。「権利の濫用」に陥らないためには、合理的な降格や異動を行うことでしょう。

例えば、降格であれば毎年の評価を基準に実施している等が考えられます。この評価に関しては1年間だけでなく、複数年の評価を用いることで客観性が増します。加えて、複数年の間に改善指導を徹底したというような記録を取ることも有効な手段の一つでしょう。

転居転勤を伴う異動の場合は、対象者の選定が重要となります。「なぜ、わざわざあの人を異動させるのか」「あの人は何か問題を起こしたのか」といった疑念が湧くような異動はしないことを徹底していけば、合理的な対象者の選定に近づくはずです。異動先の職務内容に照らして、ふさわしい異動の対象者を選定しましょう。もし本人がこれまで経験したことのない職務なのであれば、なぜ転居転勤してまでその職務にチャレンジさせる必要があるのかを整理しておき、従業員にも十分にその旨を伝えておくことが重要です。

また、異動対象者のプライベートな状況への配慮も必要です。例えば、従業員に要介護の扶養家族がいて、本人が介護に当たっているような場

合に異動対象者とするのは、従業員の生活への影響が大き過ぎることもあります。日ごろから従業員とコミュニケーションをとり、異動に関する希望を聞いておくことも有効です。

　以上のとおり、賃金制度の運用フェーズでの従業員とのトラブルを防ぐためには、「規程や規則に減額の根拠となる条文を定める」「定めた条文を従業員に広く周知する」「運用に際しては合理的な降格や異動を行う」ことが重要です。

第**6**章

賃金制度改定には
どのようなケースがあるか

モデルケースの枠組み

ケースＡ：管理職の複線化に伴う賃金制度の
　　　　　再設計

ケースＢ：管理職の職務等級化に伴う
　　　　　賃金制度の再設計

ケースＣ：企業統合に伴う賃金制度の再設計

ケースＤ：物価上昇に伴う賃金制度の再設計

ケースＥ：総合職と一般職の一本化に伴う
　　　　　賃金制度の再設計

モデルケースの枠組み

　第5章までで、賃金制度の設計・運用に関わる基本的な論点を解説してきましたが、近年の賃金制度改定の目的は多様化しています。そこで本章は、「賃金制度改定にはどのようなケースがあるか」と題し、事例として、賃金制度改定のモデルケースを五つ紹介します。それぞれのケースは、おおむね次の①〜⑤の流れで解説していきます。

①　検討の背景

②　等級制度、賃金制度の改定内容・移行方法

③　運用の改定内容

④　人事評価制度の工夫

⑤　導入の効果・今後の課題

　本章で取り上げるモデルケースに関しては、筆者自身がこの10年ほどの間に実施したコンサルティングにおける典型的な課題や解決手法を題材にしつつ、架空の内容としてまとめています。そのため、実在する企業の事例ではありませんが、賃金制度の改定を検討している読者の皆さんにとって参考材料となると思います。

ケースA：管理職の複線化に伴う賃金制度の再設計

ケースB：管理職の職務等級化に伴う賃金制度の再設計

ケースC：企業統合に伴う賃金制度の再設計

ケースD：物価上昇に伴う賃金制度の再設計

ケースE：総合職と一般職の一本化に伴う賃金制度の再設計

ケースＡ：管理職の複線化に伴う賃金制度の再設計

ケースＡでは、管理職の複線化に伴って、賃金制度を再設計したケースを紹介します。

[1]検討の背景

Ａ社では、等級と役職が１対１に対応した役割等級制度を運用してきました。この制度では、厳密に人件費を管理できるメリットはありましたが、組織長である課長や部長に昇進できなければ、等級の上昇もなく、高処遇を得ることができませんでした。

また、組織長は、組織につき１名が原則であるため、人数が限られます。そのため、課長になれない従業員が、非管理職の最上位等級に多く発生していました。こうした従業員の多くは、既に基本給の上限に到達しており、それ以上の昇給余地がない状態でした。昇給余地がない従業員の中には、Ａ社の主力事業に関するベテランもいて、同人らのモチベーションを保つ上でも、適切な処遇が求められていました。

加えて、主力事業の競争環境は厳しさを増しており、社外からハイレベルな人材を獲得する必要性が高まっていました。

[2]等級制度、賃金制度の改定内容・移行方法

こうした背景を踏まえ、組織のマネジメントを担う管理職を「マネジメント職コース」と新たに設定した上で、これとは別に専門職を処遇するための枠組みとして「専門職コース」を用意しました。なお、専門職コースの等級数は、その位置づけがマネジメント職コースと同様に重要であることを示すため、マネジメント職コースの等級数と同数としました。簡略化してはいますが、［図表６-１］のイメージです。

[図表6-1] 複線化後の等級体系のイメージ

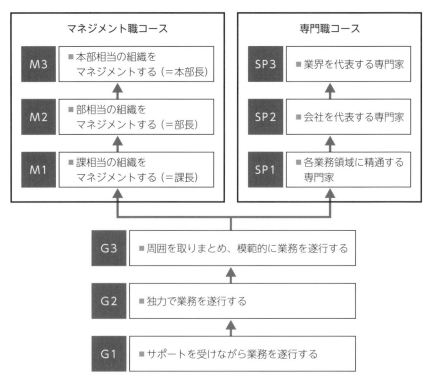

　この等級体系を前提に、賃金制度では、マネジメント職コースと専門職コースの位置づけを踏まえて、賃金水準と賃金の改定方法を設計しました。賃金水準は、部下の管理・育成責任や組織業績責任という観点から、標準評価であればマネジメント職コースのほうが専門職コースよりも若干高水準となる設計としました。ただし、専門職コースの最上位等級であるSP3（業界を代表する専門家クラス）は、社外からの採用を見据え、マネジメント職コースの最上位等級であるM3（本部長）と同水準としました。

　賃金の改定方法は、両コースともにシングルレートの洗い替えとしました。その上で、賃金テーブルは、マネジメント職コースよりも専門職コースのほうに評価によるメリハリを大きくつけ、評価によっては専

門職コースでもマネジメント職コース以上の賃金水準になる可能性がある設計としました。こうすることで、マネジメント職コースより低い賃金テーブルが適用されている専門職コースの従業員のモチベーションに配慮しました。

　また、専門職コースは、職務の性質上、管理監督者の要件を満たすのが難しいことが想定されていました。しかし一方で、会社内での専門職コースの位置づけを踏まえ、"時間の制約に縛られず、創造的に裁量を持って働いてもらいたい"という考えもありました。そのため、賃金の一部を固定残業手当として支給し、一定の範囲ではありますが裁量をもって働けるように工夫しました。なお、この固定残業手当は、手当相当時間を超過する時間外勤務をした場合には、超過分の手当を支給する性質のものです。

　制度の移行に当たっては、初年度については、社内に対して周知が十分でないことを理由に専門職コースへの転換はせず、1年間かけて転換審査を行うことにしました。

[3]運用の改定内容

　専門職コースに関しては、組織長ではないという性質上、昇格の基準が曖昧になりがちです。

　数値基準（例：売上高等）や公的資格取得の有無など、昇格時の認定基準が明確であればよいのですが、現実的には直接数値に表れない業務の専門家や、公的資格を保有していなくともレベルの高い専門家もいるため、一定程度は抽象化した基準や定義で認定せざるを得ないことのほうが一般的です。そのため、多角的・多段階で判定するプロセスを設けることで、認定の妥当性を担保することにしました。

　具体的には、これまでの評価・職務経験・専門分野での講演会や執筆活動など、多角的な観点で専門職候補者の情報を集めた上で、専門職認定委員会で専門職を認定しています。多角的な視点としているのは、例

えば公的資格のような一つの客観的な基準で専門職を認定しようとすると、社内で専門家と呼ばれるような、業務で資格を必要としない従業員の昇格は、期待されているほど実施されなくなってしまいます。そうなると、専門職コースについて、「キャリアパスの選択肢の一つ」という社内認識を醸成できず、当初の目的であった「主力事業に関するベテランのモチベーションを保つ」ことも達成できません。

　このような背景から、専門職コースへの転換や昇格については、保有資格だけでなく専門職コース候補者に関する「職務経験」「評価の結果」といった情報をそろえた上で、専門職認定会議にて等級定義に照らして判定しています。

[4]人事評価制度の工夫

　評価に関しては、マネジメント職コースの組織評価のウエートを高めている一方、専門職コースでは個人評価のウエートを高めています。

　専門職コースの運用上のポイントは、目標設定にあります。専門職コースは、高い等級に格付けられており、賃金水準も相応の設定になっています。マネジメント職コースも同様に高い等級で賃金水準も相応の設定になっていますが、組織目標が自身の目標となるため、目標を比較的立てやすい傾向にあります。一方、専門職コースは、その組織目標を分解した上で、自身にふさわしい目標を立てなくてはなりません。目標設定が曖昧なままだと、専門職コースが"賃金は高いが評価が甘い、ぬるま湯である"と従業員から受け止められかねません。

　そこで、A社では、目標設定のガイドライン作成と目標設定会議の新設を行いました。ガイドラインには、例えば、SP1は「同一部署の同一職種のG3と比較して高い目標を設定する」等といった内容を記載しています。目標設定会議では、実行可能性の観点から対象範囲を専門職コースの在籍者に絞り、「ガイドラインどおりに目標を設定できているか」や「各等級にふさわしい目標が立てられているか」を確認します。理想

としては、目標設定会議自体を事業本部で運営できることですが、会議の設置から数年間は人事部が司会進行役として参加することにしました。

[5]導入の効果・今後の課題

　新制度の導入により、専門性はあるが従来は管理職層に昇格できなかった従業員について、専門職コースとして処遇し、一定の賃金水準を提示できるようになったことで、モチベーションを維持できるようになりました。一方で、専門職コースは超過勤務時間によってはマネジメント職コースよりも高賃金となり得ます。こうしたことから、マネジメント職コースのなり手の確保や専門職コースの人数管理については、継続課題として残っています。

ケースB：管理職の職務等級化に伴う賃金制度の再設計

　ケースBでは、管理職の職務等級化に伴って、賃金制度を再設計したケースを紹介します。

[1]検討の背景

　B社では、これまで安定的な事業環境にあったことに加えて、全国に拠点があり、頻繁に異動が発生することを背景に職能給を中心に運用してきました。ただし、職能給だけでは、同一等級で組織の役職を担う従業員とそうでない従業員との間に賃金差が出ないため、役職手当を支給していました。この役職手当は、部長であればどの部署の部長であっても一律同額でした。

　しかし当然ながら、同じ部長職でも、担当する部署によって業績責任や管理範囲は異なります。また、昨今の事業環境を踏まえると、競争力

の源泉となる機能を担う部署とそうでない部署などがあり、全社を見回すと同じ部長でも位置づけはさまざまです。

このような背景から、特に管理職層において、職務に応じた賃金水準差を設け、競争力の源泉となる組織を率いる従業員を適切に処遇する必要性が高まっていました。

[2] 等級制度、賃金制度の改定内容・移行方法

以上の背景を踏まえて、Ｂ社では、管理職層に職務等級を導入することにしました。新制度では、管理職層に関しては職務等級に基づき職務給を支給し、各ポジションの職務等級の格付けは、要素別点数法の職務評価にて職務価値を算定し判断しました。このことにより、管理範囲が広い部署や競争力の源泉となる部署の部長とそうでない部長との職務給水準について、職務価値に基づいた差を設けることができるようになりました。

一方で、非管理職層においては、人材獲得手段として「新卒採用を中心としている」ことに加え、「非管理職層の期間に、ジョブローテーションにより、適性の見極めとさまざまな職務経験による人材育成効果を狙う」という考え方から、異動によって賃金水準が変動する職務等級はなじまないと判断しました。

[3] 運用の改定内容

職務等級の運用では、職務記述書の策定と、そこに掲載される職務価値の定期的な見直しが求められます。実際にこの見直しをすべて人事部で担うとすると、現場の職務内容を正しく職務記述書に反映できず、職務等級の運用が形骸化してしまうこともしばしばあります。これを防ぐため、職務価値の定期的な見直しに関して、人事部と他部署との役割を整理しました。

具体的には、職務等級の導入に当たり、初年度は人事部が中心となっ

て、現場にヒアリングしながら職務記述書を準備しましたが、以降のポジションの新設等に関しては、新設ポジションを申請する部署が職務記述書を作成する——という運用としました。ただし、新設ポジションを申請する部署が、何の準備もなく職務記述書を作成することは困難です。そのため、職務記述書のひな型の準備や作成のポイントを人事部がまとめて展開しています。ひな型や作成ポイントを展開することで、現場の管理職に対する過度な負担を避けつつ、現場の職務内容に基づいた職務記述書を作成し、職務評価を可能にすることで、職務等級の運用の形骸化を防いでいます。

[4]人事評価制度の工夫

　これまでの評価制度では、管理職層を一つの単位として賞与の原資管理をした上で、個人間のメリハリをつけるために相対評価としていました。この相対評価は、複数の事業本部間の管理職層の評価を相対化する運用でしたが、事業本部が異なると職務の内容も大きく異なるため、事業本部間でその評価の妥当性を問うことが実際のところ困難でした。こうした背景から、各事業本部長は、自事業本部の部下が損をしないようにという思惑も相まって、評価結果を高めにつける傾向にありました。この"評価の上振れ合戦"の状態で相対評価を行うため、結果的に事業本部で判断した評価結果と最終評価結果の間で乖離が大きくなることがありました。

　この課題を踏まえて、管理職層への新制度での評価は、職務記述書に記載のある職務や、KPIに基づいて設定している目標項目の遂行度合いを、絶対評価で評価することにしました。併せて、賞与原資についても、各事業本部の組織業績に基づいて事業本部ごとに決定することにしました。

　また、上記のとおり、事業本部内での評価や賞与決定に関して、事業本部長の裁量を大きくしました。こうして事業戦略と人事制度の結び付

きを強固にすることで、事業の成長をより強く後押しする制度としています。

[5]導入の効果・今後の課題

　新制度では、管理範囲が広い部署や、競争力の源泉となる部署を率いる部長等の重要ポジションの賃金を、他のポジションと比較して高く設定することにより、戦略と賃金の連動性を高めています。

　一方で、管理職層にも少なからず異動が発生するので、異動に伴う賃金の減額が予想されます。今後は、こうした管理職層の人事異動をスムーズに運営できるように、「規程や規則に減額の根拠となる条文を定めておく」「その根拠を従業員に広く周知しておく」「実施に際しては、合理的な降格や異動を行う」等のポイントを踏まえておく必要があると考えています。

ケースＣ：企業統合に伴う賃金制度の再設計

　ケースＣでは、企業統合後の旧２社間で賃金制度を統合したケースを紹介します。ここでは、旧２社をア社とイ社、統合後の企業をＣ社として解説していきます。

[1]検討の背景

　統合前の旧２社は同一の事業を営んでいましたが、事業を展開する主たる地域が異なっていました。地域が異なることから、両社の出身者が同一の事業所や部署で働くケースは、合併当初にはあまり想定していませんでした。しかし、合併から数年が経過し、本社機能の統合が進んでいった結果、本社機能を中心に旧２社の従業員が同一部署で働くというケースが多数発生していました。一部の従業員からは、「同一部署なの

に、統合前の出身企業により賃金が異なるようでは働きにくい」との声も挙がっています。旧2社の従業員が同一部署で働く際に、出身企業にかかわらず前向きに働いてもらうためには、賃金制度をはじめとした人事制度の統一が必要だという機運が高まっていました。

[2]等級制度、賃金制度の改定内容・移行方法

以上の背景を踏まえて、C社では、旧2社の人事制度を統合することにしました。旧2社の等級制度は、階層数が同じであるなど大きな違いはありませんでした。しかし、下表のとおり旧2社の所定労働時間が異なっている上に、賃金制度に関しても、賃金項目、基本給の上限・下限が異なっていました。

	旧ア社	旧イ社
月の所定労働時間	160時間	155時間
賃金項目	生活関連手当の支給あり	生活関連手当の支給なし
基本給の上限・下限	イ社と比較して高水準	ア社と比較して低水準

所定労働時間の統合に当たっては、旧イ社の所定労働時間を延ばして旧ア社と同じにすることになったため、その分旧イ社の基本給を引き上げました。

賃金項目は、旧ア社には生活関連手当があり、旧イ社は手当がない状況でした。ただし、今後の賃金制度の在り方を考慮すると、生活に関連した手当を旧イ社にも支給することは想定されませんでした。また、旧ア社の生活関連手当は、調査してみると大半の従業員に支給されていたため、これらの手当に関しては基本給に組み込むことにし、賃金水準の減額を避けつつ手当を廃止しました。

基本給の上限・下限の設定に関しては、両社の違いを吸収するために、制度導入当初は統合を優先して、基本的に上限・下限を幅広とする設計としました。ただし、このままいくと、旧イ社の賃金水準がいつま

でたっても旧ア社並みになることはありません。また、旧ア社にとっては下限が下がるため、昇格昇給が減少してしまう懸念があります。

さらに、非管理職では、人数が多く基本給の引き上げに費用も掛かるため、3年後に旧ア社の基本給の上限・下限に統一することを目指し、旧イ社の下限を段階的に引き上げていくこととしました。一方で、管理職の基本給は、新制度導入時から旧ア社に統一し、管理職層に昇格すれば両社の賃金水準差は解消するように設計しました［図表6-2］。

[3]人事評価制度の工夫

評価項目や評価基準も両社で異なっていましたが、異なる評価項目・評価基準のままでは、両社間で異動しにくくなります。両社の融合のためには、評価項目や評価基準も統一していく必要があります。そのため、

[図表6-2] 人事制度統合時の賃金設計例

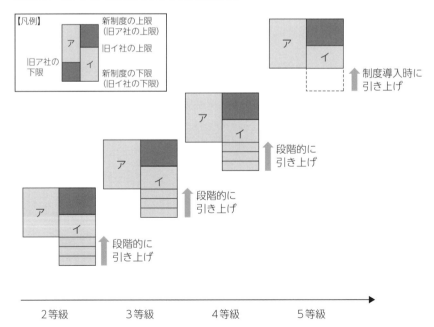

両社からプロジェクトメンバーを選抜し、評価項目や評価基準の統一に向けて検討会を設けました。

また、評価項目や評価基準を統一するだけでなく、評価者の目線の統一も必要です。これまでは、両社それぞれの評価項目、評価基準で評価者は評価をしてきていたため、同じ活動に対して、両社の評価者で異なる評価を下してしまうおそれがありました。そのため、評価者研修の開催に際しては、両社の評価者が双方バランスよく出席できるようにし、グループワークなどで目線の違いを体感できるようにしました。

評価項目や評価基準以外では、処遇へのメリハリのつけ方にも工夫が必要でした。管理職層では、基本給の下限を旧ア社に合わせ、両社の賃金水準差を解消するように設計しています。しかし非管理職では、段階的に統一していく予定であるものの、当面は両社の格差が残ったままです。これでは旧イ社出身の非管理職の優秀層が不満を感じるおそれがあるため、この層が定着できる手段を講じる必要がありました。具体的には、評価による昇給や賞与のメリハリを拡大し、旧イ社の出身者であっても評価次第で旧ア社の賃金水準に追いつくことができるようにしました。

[4]導入の効果・今後の課題

C社では、賃金制度の統合により、最適な異動配置を行うことができるようになりました。しかしながら、統合前から抱えていた両社の賃金制度上の課題、例えば、旧ア社の賃金水準の高止まり等の解決は未解決のままです。今後は時間をかけて、こういった課題についても解決に向けて取り組んでいく必要があります。

ケースD：物価上昇に伴う賃金制度の再設計

　ケースDでは、物価上昇等に対応し、賃金水準の引き上げを伴う賃金制度改定を行ったケースを紹介します。

[1]検討の背景

　D社は、これまで年功的な賃金制度を運用してきた企業ですが、物価高を機に賃金水準を引き上げたいと考えていました。物価上昇に合わせて賃金水準を引き上げるとなると、全従業員に対するベースアップが代表的な施策になります。

　しかし、全従業員に対するベースアップを行うとすれば、過去に年功的に昇格した管理職も対象となってしまいます。この考えから、ベースアップに関しては非管理職層のみにとどめたいという方針が経営層の中で固まっていました。

　また、D社では事業改革を進めており、これに当たって次の2点が主要な課題として挙げられていました。

> ・改革を牽引する若く優秀なマネジメント層を抜擢したいが、年功的な賃金制度であるため、抜擢したところで賃金水準は期待するほどには高まらない
> ・初任給が競合他社比で低位にある

[2]等級制度、賃金制度の改定内容・移行方法

　以上の背景を踏まえて、D社では「管理職層の基本給の下限の引き上げ」「初任給の引き上げ」「初任給の引き上げに伴う非管理職層のベースアップ」を行いました。

　新制度への移行に際しては、管理職層の従業員の基本給は、引き上げ

後の下限に未達である場合に引き上げることにしました。基本給の下限の引き上げにより、管理職層の中でも若くして昇格する "将来を期待できる" 層の基本給が引き上がります。また、今後昇格する従業員の昇格昇給がこれまでよりも高まる効果があります。

賃金制度改定では、競合他社比で低位にある初任給も引き上げました。この初任給の引き上げ額は、物価上昇の状況にも考慮して検討したほか、引き上げに伴い、既存従業員との基本給水準の逆転が生じるため、既存従業員のベースアップを実施しました。ただし、全等級でベースアップをすると、これまで年功的に賃金が上昇してきた層まで引き上がってしまうため、ベースアップは非管理職層のみにとどめました。

[3] 人事評価制度の工夫

管理職層は、基本給の下限を引き上げ、下限に未達の従業員が下限に並びました。そのため、「これまでついていた差がなくなった」「後から昇格してきた後輩に基本給が並ばれた」と不満に思う従業員も少なからずいました。この従業員たちには、新制度の目的を丁寧に説明しました。具体的には、今後に関しては等級内の基本給差は年齢や滞留年数のような年功要素で差がつくのではなく、評価結果によって差がついてくることを強調しました。

[4] 導入の効果・今後の課題

管理職層への昇格に当たり、基本給が大きく上昇する制度になり、「管理職になると、時間外勤務手当がつかなくなることから、かえって年収が下がる」「責任のわりに賃金が上昇しない」というこれまでの不満に対応することができました。それに加えて、物価上昇も考慮しながら、競合他社比で低位にあった初任給の引き上げと、非管理職へのベースアップも行うことができました。

管理職層の基本給の下限を引き上げたのは、今後昇格する従業員の昇

第6章 賃金制度改定にはどのようなケースがあるか

格昇給額をこれまでよりも高め、優秀な従業員を抜擢しやすくする効果を狙ったものです。今後は、引き上げた下限にふさわしい管理職を、年功的な運用に陥ることなく抜擢することが課題となります。

ケースE：総合職と一般職の一本化に伴う 賃金制度の再設計

[1]検討の背景

　E社では、総合職と一般職というコース区分を設定した人事制度を運用してきました。一般職は、営業のサポートを中心に営業事務を担う職種です。しかしながら、昨今の事務業務の高度化や専門化、女性活躍も含めたダイバーシティの流れがある中で、次のような課題意識が生じていました。

> ・一般職は担う業務が限定的であるため、多様な業務を経験できずに、キャリア開発の機会が限定的であること
> ・働き手が不足している中で、従業員一人ひとりにポテンシャルを十分発揮してほしいこと

　上記の課題を踏まえて、近年では一般職から総合職への転換を積極的に進めるなど、一般職のキャリア開発を図っていました。しかしながら、総合職は転居や転勤を伴う異動があるため、現実的には一般職から総合職への転換は進まず、課題が残り続けていました。

[2]等級制度、賃金制度の改定内容・移行方法

　新制度では、一般職を廃止して「地域限定総合職」を新設し、総合職と地域限定総合職の2職種としました。

従来の制度		新制度	
総合職	・全国転勤あり ・基幹的業務 ・管理職昇格あり	総合職	・全国転勤あり ・<u>業務の限定なし</u> ・管理職昇格あり
一般職	・転居転勤なし ・一般事務業務 ・管理職昇格なし	地域限定 総合職	・転居転勤なし ・<u>業務の限定なし</u> ・管理職昇格あり

　新制度導入の際に、旧総合職は、新制度でも総合職とする一方、旧一般職は地域限定総合職に全員を移行しています。

　新制度の職種のポイントとしては、総合職と地域限定総合職のどちらも「業務の限定なし」としたことです。従来の制度の総合職のようにすると、地域限定総合職にも「基幹的業務」を新制度の開始直後から求めることになります。現実的に「一般事務業務がすべてなくなるわけではない」こと、また、「個人の志向として一般事務を希望する従業員」もいるため、「業務の限定なし」とすることで、一般事務業務を継続するケースも許容しました。

　加えて、賃金制度に関しては、旧一般職を地域限定総合職に移行することで、従事する可能性のある業務の範囲が広がることを受けて、基本給の引き上げを図っています。また、昇給や賞与についても、同様の考え方で旧一般職から引き上げています。

[3]運用の改定内容

　地域限定総合職創設の狙いの一つに、「企画業務」のような基幹業務を担える従業員を増やすことがあります。

　そのため、移行時においては「一般事務への従事」を許容しているものの、総合職と地域限定総合職ともに、過去の評価結果等に加えて、企画業務等の基幹的業務の経験を上位等級への昇格条件にしています。

このように、基幹的業務の経験を昇格条件に盛り込むことにより、地域限定総合職のうち従来業務に留まる場合は昇格ができず、企画業務など新たな業務にチャレンジする場合に限って総合職と同様に昇格ができるようにしました。

[4]人事評価制度の工夫

これまでは総合職と一般職で異なる評価項目や評価基準を用いていましたが、総合職への一本化を踏まえ、これらについても総合職と地域限定総合職とで統一しました。これにより、例えば旧一般職では「担当している業務をミスなく素早く正確に」のような評価基準が多くあったものを、「組織を改革する施策を企画する」というように変更しました。

そのため、旧一般職と旧総合職で、同じ基準で評価をした場合、少なからず旧総合職のほうが高く評価される状況が予想されていました。そうなると、評価が低めになる旧一般職のモチベーションダウンが懸念されることから、評価ランクの段階数をこれまでよりも増やし、B評価で旧一般職の昇給水準を確保できるよう設計しました［図表6-3］。

[図表6-3] 新旧の評価ランクと昇給の対応関係

旧総合職	旧一般職	新総合職（地域限定総合職含む）	
S 9,000円		S 9,000円	
A 7,000円		A 7,000円	
B 5,000円	S 5,000円	B+ 5,000円	
	A 4,000円		
C 3,000円	B 3,000円	B 3,000円	標準評価
	C 2,000円	C 2,000円	
D 1,000円	D 1,000円	D 1,000円	

[5]導入の効果・今後の課題

　統合によって、これまで管理職への昇格の道が閉ざされていた旧一般職についても、管理職への登用が可能になるなど、キャリアの選択肢が拡大しました。また、従来から総合職と近しい業務を担ってきた一部の旧一般職は、業務と賃金のマッチング度が高まりました。

　しかしながら、旧一般職は、これまで一般職としてキャリアを歩み、「一般事務業務」を担うことを前提とした教育施策を受けてきた従業員が大半です。その前提がある中で、「総合職」に向けた行動変容を促していくのは、人事制度を変えただけでは困難です。教育施策や異動施策などを組み合わせながら、今後も引き続き検討していくことになります。

第 **7** 章

これからの賃金制度に求められる観点とは

1　今後の賃金制度の変化

2　おわりに

1 今後の賃金制度の変化

これまで、本書の主要テーマである賃金制度の設計方法を中心に解説してきました。一方で、読者の皆さんが賃金設計に行き詰ったときには、個別の設計方法だけでなく賃金設計の目的などを振り返って、未来志向の考えの下で賃金制度を考えることが必要です。本章では、広い視野で賃金設計できるように、これからの賃金制度に求められる観点を考察していきます。

賃金制度は、要約すると「労働法令を遵守しつつ、労働の対価を、内外環境を踏まえて適切に支払う仕組み」といえます。この点に立ち返って、求められる観点を考察していきましょう。

[1]求められる観点①：労働法令をクリアしていること

まず、労働法令を遵守していることが必要です。こう書くと「当たり前だ」と指摘を受けそうですが、これまで会社側の立場が強く、従業員側が弱かったということもあり、現在でもサービス残業問題等の労働問題は残念ながらなくなっていません。

しかし、SNSの普及もあり、ブラック企業といわれる企業には、世間から厳しい目が向けられた結果、従業員の定着や採用がままならない——といった話も聞くようになりました。こうした背景もあり、会社側も、労働問題に対して本腰を上げて対応するケースが増えてきているように感じます。

誤解をおそれず言えば、これまで企業と従業員の関係は"雇う側と雇われる側"として対等ではありませんでした。しかし、現在においては、企業が従業員に対し、会社都合のみの観点から指示することができる時代はもはや終わったといえるのではないでしょうか。「労働法令をクリアしていること」は、従来から建前としては当たり前のことではありまし

た。しかし、企業と従業員の関係が対等となった現在では、建前だけでなく実質としても今後企業が持続的に成長していく上での大前提になっているといえるでしょう。

　また、サービス残業問題のような分かりやすい労働問題だけでなく、同一労働同一賃金など、一見して法律が求める基準をクリアしているか否かを判断しにくいものもあり、これまでは、「司法判断が下ってから」「他社の状況を見てから」というように、当面は様子見とすることも多くありました。

　しかしながら、従業員から選ばれて持続的な成長を実現するには、法令遵守だけでなく、企業倫理も含めた企業のコンプライアンス強化の流れをしっかりと踏まえることが重要です。"法令上グレーゾーンであるため様子見"と判断するのではなく、企業の存在意義や倫理観に照らして考え尽くした対応が必要となってくるでしょう。

[2]求められる観点②：自社だけでなく外部環境も意識すること

　雇用を巡る環境を見ると、日本では生産年齢人口の減少により、働き手の母集団自体が減っていますので、雇用に関する大きな方向性としては、働き手は希少性が高まり、賃金にも影響するでしょう。特にIT技術者は、経済産業省の試算によると2030年には79万人の不足が生じるといわれています。

　働き手不足が進行する中で、政府が手を打ったのは主として女性と高年齢者層の活躍推進でした。しかし、両者の就業率は頭打ちとなり、働き手不足の解消の手段としては限界を迎えつつあります。

　また、日本の生産年齢人口が減少する中で、いまや転職は一般的になりつつあります。総務省の労働力調査では、転職等希望者数は、2018年は約834万人だったものが、2022年は約968万人と1000万人に迫る勢いです。

　こうした状況を踏まえると、希少な働き手の企業間での奪い合いは、

ますます激化するでしょう。

[3] 求められる観点③：人材に投資する意識を持つこと

　企業の中には、賃金制度の改定に際し、「賃金を引き上げたからといって業績がよくなるわけではない」「賃金を引き上げても、モチベーションは一次的には上昇するものの長続きするわけではなく、きりがない。本当に引き上げが必要なのか？」といった心配から、賃金引き上げの判断を見送ることもあります。

　また、「本質的には仕事のやりがいや職場の雰囲気のよさこそが、定着やモチベーションには重要だ」「賃金のような“外的報酬”ではなく、自己実現に向けた“内的報酬”（やりがいや社会的満足感など）を高めることが重要だ」といった声もあります。それぞれもっともなコメントだと思う一方で、筆者としては「人材への投資の象徴ともいえる賃金の引き上げを行わずして、個人ごとに志向が異なる内的報酬を高める、といった対策が可能なのだろうか？」とも率直に感じます。

　企業間の競争において、競合他社よりも上回る業績を目指すとした場合、賃金水準が競合他社より低位である状況下において、“仕事のやりがい”や“職場の雰囲気のよさ”のような見えないもので、自社の従業員を惹きつけ続けることがいかに難しいか、容易に想像できるのではないでしょうか。

　「①労働法令をクリアしていること」の観点では“企業のホワイト化”が、「②自社だけでなく外部環境も意識すること」の観点では、総じて企業において“労働者の需給を意識した賃金の引き上げや賃金制度の見直し”が進んでいく可能性が高まります。この①と②の観点に由来する方向性に適切に対応している企業が、自社の競争相手だと捉える必要があります。つまり、企業理念や倫理観も含めたコンプライアンスの観点から積極的に労働環境を整えた上で、労働者の需給を意識した賃金の引き上げを行う企業と、働き手を巡って人材獲得競争をしなくてはならな

いのです。

　上記を踏まえると、もはや「仕事のやりがいや職場の雰囲気のよさ」と「賃金の魅力」を両立しなければならない時代にあることを想定した上で、今後の賃金制度や人事諸施策を検討し、自社の人的資本を高めていく必要があるでしょう。

2　おわりに

　あるべき人材マネジメントの在り方が「メンバーシップ型雇用か／ジョブ型雇用か」といった議論は、各所でなされています。しかし、これらの在り方がどうなっていくかは、結局のところは各企業の置かれた事業環境や、採っている人材戦略によるでしょう。長期にわたって安定した事業環境であれば、メンバーシップ型雇用は有効と考えられます。また、仮に事業環境が短期的に変化するような状況下であっても、人事異動がしやすいという特徴があるメンバーシップ型雇用に"あえて"することで、事業環境の変化に対応していくことも考えられます。一方で、グローバルでの採用を意識するのであれば、ジョブ型雇用としたほうが有効と考えられます。

　そして、賃金制度の在り方は、こうした人材マネジメントの在り方にも大きく依存します。例えば、メンバーシップ型雇用を行う職能資格制度の企業であれば、賃金制度としては職能給や諸手当を運用するケースが中心です。一方、ジョブ型雇用を行う職務等級制度の企業であれば、職務給を中心とした賃金構成になります。

　加えて、法規制によっても賃金制度の在り方は変わってきます。言葉を選ばず極端な例を出しますが、現在の法制度よりも解雇が行いやすくなるのであれば、思い切った賃金の引き上げも判断しやすくなるのかもしれません。このように、今後の賃金制度の変化を見通すのは、さまざ

まな要素があり難しいことです。

　しかしながら、大きな方向性としては、生産年齢人口の減少や転職希望者の増加を見ても、日本社会で"企業が従業員を選ぶ"時代は終わりを告げたといってもよいと考えられます。どのような制度を取り入れていようと、「従業員を惹きつける魅力ある賃金制度」であることが前提となってくるでしょう。

　本書では、従業員を惹きつける魅力ある賃金制度のヒントとなるように、賃金項目別に設計の手順を解説しました。読者の皆さんは、企業戦略の実現に向けて、従業員の確保・定着・戦力化のための人事施策の立案・実行に向けて日々頭を悩ませているものと思います。人事制度や賃金制度の見直しに携わる際には、本書をガイドブックとして活用いただければ望外の喜びです。

あとがき

本書は2023年夏から冬にかけて執筆しています。

上場企業では、従業員エンゲージメント・離職率・定着率等の人材の流動性といった人的資本の情報開示が始まり、人的資本を高める取り組みについて一層注目が集まっています。また、物価高もあり、賃上げが話題となりましたが、結局賃上げが追い付かず、実質賃金が目減りしているとのニュースも多く耳にしました。こうした流れもあり、人材マネジメントの根幹の一つである賃金制度への注目は一層高まっています。

筆者は、シンクタンク・コンサルティングファームである三菱UFJリサーチ＆コンサルティング株式会社で、人事コンサルタントとして活動しています。

当社に入社以来、人事コンサルタントとして多くの企業の人材マネジメント、中でも人事制度改革に携わってきました。本書は、経験豊富な多数の人事コンサルタントとの議論や人事制度改革をご支援してきたお客さまや、当時のプロジェクトリーダーやメンバーたちから教わった知見を参考に書き上げました。

本書は、想定読者である人事担当者を支援するために、「よりよい賃金制度の選択や設計ができるように」という目的で執筆しました。執筆に当たっては、この目的に照らして、これまで得られた知見を読者である人事担当者の皆さんが賃金設計に際して再現できるように、理念的なことよりも具体的な方法をお伝えすることを心掛けました。そのため、少々細かすぎる印象もあったかもしれません。しかしその分、賃金設計に際して判断に迷うときにどのように考えるべきか、どうするべきかという実践的で役立つ知見を提供できる書であると自負しています。

末筆にはなりますが、本書の完成に当たってはさまざまな方にご支援いただきました。まず、一般財団法人労務行政研究所の前田昌彦氏、

深澤顕子氏には執筆の機会をいただくとともに、書籍制作に関する豊富なご助言をいただきました。また、本書のシリーズである『人材を活かす 等級制度の基本書』を執筆した三城圭太氏には、同書に関するレクチャーや執筆に際する進め方等のアドバイスをいただきました。

　この場をお借りして、皆さんに多大なるお力添えをいただいたことに深謝申し上げます。

澤村 啓介

■著者プロフィール

澤村 啓介 （さわむら けいすけ）

三菱UFJリサーチ＆コンサルティング株式会社
組織人事ビジネスユニット

立命館大学を卒業後、三菱UFJリサーチ＆コンサルティング株式会社に
入社。組織人事ビジネスユニットに所属し、人的資本を高める企業の人事
制度、組織風土、人材育成体系等人材マネジメント改革に関するコンサル
ティングに従事。担当プロジェクトは200件を超える。新聞等への寄稿も
多数。

印刷・製本／三美印刷株式会社

人材を活かす 賃金制度の基本書

2024年7月17日　初版発行

著　者　三菱UFJリサーチ＆コンサルティング株式会社
　　　　澤村啓介
発行所　株式会社 労務行政
　　　　〒141-0031　東京都品川区西五反田3-6-21
　　　　　　　　　　住友不動産西五反田ビル3階
　　　　TEL：03-3491-1231
　　　　FAX：03-3491-1299
　　　　https://www.rosei.jp/

ISBN978-4-8452-4432-4
訂正が出ました場合、下記URLでお知らせします。
https://www.rosei.jp/store/book/teisei